U0621430

FAN DIANXIN WANGLUO ZHAPIAN SHIYONG WENDA

反电信网络诈骗实用问答

以案普法版

王永阳　孙丽娜◎著

中国法制出版社
CHINA LEGAL PUBLISHING HOUSE

序

我们在办理刑事案件的过程中发现，随着信息网络技术的迅猛发展，电信网络诈骗日益蔓延，诈骗手段花样繁多、迭代更新，相应的产业生态圈逐步形成，集团化、产业化、跨境化特征凸显。基于大数据信息，老年人及年轻人群体更易成为电信网络诈骗的受害对象，由此引发的社会危害日渐严重。

为预防、遏制和惩治电信网络诈骗活动，诸多与电信网络诈骗相关的法律文件相继颁布。对大众而言，法律既很近，又很远。近的是，它与每个公民的生活息息相关；远的是，对非专业人士而言，法律条文的理解与运用，何其之难。

有鉴于此，基于现实需求，结合办案实践，我们希望能在非法律专业的大众和法律条文之间架起一座“桥梁”，让法律不再陌生与冰冷，本书由此应运而生。

本书介绍了电信网络诈骗的“前世今生”、现状、特征及发展趋势，全面剖析了7大诈骗类型、40种诈骗形式，通过改编的真实案例以案说法，使读者详细了解各种电信网络诈骗手段，提高警惕，防患于未然。

本书亦对电信网络诈骗的关联犯罪、共同犯罪、涉财处理，以及遭遇电信网络诈骗时如何收集证据、选择管辖、报案立案、办案程序等重要法律问题予以详细阐述，使读者在认知和规避风险的同时，亦能解决专业问题与实际困难。

本书以“电信网络诈骗”为核心，精心设计了近百个问题，逐一解读，整理了200余个真实案例进行改编，以方便读者通过“读故事”学习与反电信网络诈骗相关的法律知识，并从实践角度提供专家建议，附以重点法律条文内容。

希望本书能够给与读者沉浸式的阅读与学习体验，成为百姓的防网诈指南、维护权益宝典。

王永阳　孙丽娜

2023年8月

目 录

第一章 电信网络诈骗那些事儿

第二章 常见7大类、40种电信网络诈骗

第四章 电信网络诈骗的关联犯罪

第五章 电信网络诈骗的共同犯罪

第六章　电信网络诈骗涉案财物如何处理

第七章 电信网络诈骗案件的办理程序及证据收集

第八章 电信网络诈骗案件的预防主体和措施

第一章

电信网络诈骗那些事儿

1. 什么是电信网络诈骗？

电信网络诈骗一般指电信诈骗，是一种区别于传统诈骗罪的新型诈骗犯罪，表现为通过电话、网络和短信等方式，编造虚假信息、设置骗局，对受害人实施远程、非接触式诈骗，诱使受害人打款或转账。不法分子通常以冒充他人及仿冒、伪造各种合法外衣和形式的方式达到欺骗的目的，如冒充公检法、商家、公司厂家、国家机关、银行、网络购物平台、支付宝等各类机构工作人员，伪造和冒充招工、刷单、贷款、手机定位、购物退款、抽奖、投资理财、招嫖、裸聊等形式进行诈骗。自 2000 年以来，随着科技的发展，一系列技术工具的开发和使用，一些技术人员和不法分子借助于手机、固定电话、网络等通讯工具和现代技术等实施的非接触式诈骗迅速蔓延，给人民群众造成了非常大的损失。

2. 随着互联网技术的发展，电信网络诈骗有何变化？

电信网络诈骗是具有互联网时代特点的犯罪，随着互联网技术的发展，在大数据时代背景下，电信网络诈骗的手法也日益更新，电信网络诈骗犯罪突破了传统犯罪的物理时空限制，颠覆了原有犯罪的一般模式效应。

随着互联网的发展，电信网络诈骗呈现出三个阶段的变化。

第一个阶段为“漫天撒网式”的初级阶段，以电信诈骗为典型，主要是随机拨打电话或者群发短信，以不特定社会公众为诈骗对象。

第二个阶段为借助电信网、互联网和有线电视网“三网融合”技术手段进行网络诈骗，表现为利用智能手机、移动互联网等信息网络工具或平台，使用伪基站、智能拨号软件进行诈骗，受害者数量及范围激增。

第三个阶段为大数据背景下精准诈骗、电信网络诈骗与集资诈骗的相交叉。犯罪分子利用大数据获取的公民个人信息数据进行精准打击，同时利用网络的掩护进行远程诈骗，使得被害的可能性极度放大。

3. 电信网络诈骗的特点有哪些？

电信网络诈骗手法不断迭代更新，发案数、被害人数、损失金额居高不下，受害群体的年龄范围也呈现逐渐扩大态势，公检法部门联手打击仍屡禁不止。为何电信网络诈骗如此难以杜绝呢？还要从其自身的特点进行分析。

一、电信网络诈骗具有“互联网+”特点

诈骗的本质是利用人性的弱点进行行骗，电信网络诈骗借助于网络的发展，使得诈骗的方式从线下转移到线上。传统的线下诈骗受时间、空间的限制，实施一个诈骗行为一次只能使一个人或几个人受骗，线上诈骗利用各种交友平台、购物平台与人交流，不受时间、空间的限制，可以广撒网寻找受害人，大大提升了行骗的概率。

二、诈骗手段欺骗性、隐蔽性更强

电信网络诈骗分子以互联网为掩护，并未与受害人进行实际接触，可以虚拟任何想要包装的身份，同时利用阅后即焚、虚拟平台、电子货币等手段，可以清除信息流、资金流痕迹，使得犯罪痕迹难以留存。在部分跨境电信网络诈骗案件中，诈骗团伙将部分专业化较强的环节外包，寻找技术人员搭建可以直接操控后台数据的诈骗平台，由专门负责引流的人员在各社交平台进行宣传引流，提供话术剧本，通过主播直播金融知识将被害人吸引至虚假平台投资，由专业技术公司提供智能化管理计算诈骗收入，同时购买他人银行卡进行洗钱转移赃款。在一套严丝合缝的操作流程下，被害人很难发觉自己被骗，往往因前期获利而不断加大投资额，等到发现被骗时，为时已晚。由于犯罪分子身处境外，且诈骗赃款已经转出境外，往往很难追回损失。

三、诈骗模式从漫天撒网转向精准行骗

近些年来，电信网络诈骗借助时代的发展，不断根据人的需求调整诈骗手段，使之更加专业化、智能化。他们利用非法途径获取公民个人信息，对不同类别的人进行“量体裁衣”，根据不同人群的特点分别制作不同的诈骗手段，编写不同的诈骗台词，设置不同的诈骗环节，使得被害人很难摆脱诈骗圈套，如针对高考学生进行贷款诈骗、针对淘宝卖家进行差评诈骗、针对老人进行社保卡诈骗。

四、诈骗组织呈现集团化

传统的诈骗为一人或者几人实施，现代的网络诈骗呈现出组

织结构严密、分工精细、集团化管理的犯罪模式。诈骗组织分为金融部、行政部、财务部、宣传部、客服部，各部门之间分工配合，共同实施电信网络诈骗犯罪活动。诈骗组织还会进行严格的工作培训，制定严密的工作纪律和绩效奖惩，很多电信网络诈骗组织正向集团化运营结构发展。许多与电信网络诈骗相关的灰色产业链也逐步滋生，如侵犯公民个人信息、倒卖银行卡、制作木马程序等犯罪。这些灰色产业的衍生又反哺、助长了电信网络诈骗的发展势头，两者在非法利益的驱动下形成了一条互惠互利、共生共存的产业链，严重侵害着国家的管理秩序和人民群众的财产安全。

4. 法律如何认定电信网络诈骗犯罪？

虽然电信网络诈骗犯罪是近年来频发的犯罪形式，但《刑法》并未对此种犯罪直接进行定义，2016 年《最高人民法院、最高人民检察院、公安部关于办理电信网络诈骗等刑事案件适用法律若干问题的意见》最早对这类犯罪进行了详细的解释。

2018 年 11 月 9 日最高人民检察院《检察机关办理电信网络诈骗案件指引》中对电信网络诈骗进行了明确的认定：电信网络诈骗犯罪，是指以非法占有为目的，利用电话、短信、互联网等电信网络技术手段，虚构事实，设置骗局，实施远程、非接触式诈骗，骗取公私财物的犯罪行为。

2022 年 9 月 2 日，第十三届全国人民代表大会常务委员会第三十六次会议通过的《中华人民共和国反电信网络诈骗法》规定：电信网络诈骗，是指以非法占有为目的，利用电信网络技术手段，通过远程、非接触等方式，诈骗公私财物的行为。

以案说法

以发放助学金为由，假冒工作人员诈骗高考生钱财

2015 年 11 月至 2016 年 8 月，陈某辉、黄某春等人交叉结伙，通过网络购买学生信息和公民购房信息，分别在江西省九江市、新余市，广西壮族自治区钦州市，海南省海口市等地租赁房屋作为诈骗场所，分别冒充教育局、财政局、房产局的工作人员，以发放贫困学生助学金、购房补贴为名，将高考学生作为主要诈骗对象，拨打诈骗电话 2.3 万余次，骗取他人钱款共计 56 万余元，并造成被害人徐某玉死亡。

法院经审理认为，陈某辉等人以非法占有为目的，结成电信诈骗犯罪团伙，冒充国家机关工作人员，虚构事实，拨打电话骗取他人钱款，其行为均构成诈骗罪。陈某辉还以非法方法获取公民个人信息，其行为又构成侵犯公民个人信息罪。陈某辉在江西省九江市、新余市的诈骗犯罪中起组织、指挥作用，系主犯。陈某辉冒充国家机关工作人员，骗取在校学生钱款，并造成被害人徐某玉死亡，酌情从重处罚。据此，以诈骗罪、侵犯公民个人信息罪判处陈某辉无期徒刑，剥夺政治权利终身，并处没收个人全部财产；以诈骗罪判处黄某春等人有期徒刑 3 年至 15 年不等。

专家建议

为加大打击惩处力度，2016 年 12 月，最高人民法院、最高人民检察院、公安部共同制定出台了《关于办理电信网络诈骗等刑事案件适用法律若干问题的意见》，明确对诈骗造成被害人自杀、死亡或者精神失常等严重后果的，冒充司法机关等国家机关工作人员实施诈骗的，组织、指挥电信网络诈骗犯罪团伙的，诈骗在校学生财物的，要酌情从重处罚。本案是适用该意见审理的第一例大要案，在罪责刑相适应原则之下，对陈某辉顶格判处，充分体现了对电信网络诈骗犯罪分子依法从严惩处的精神。

电信网络诈骗类案件近年高发、多发，严重侵害人民群众的财产安全和合法权益，破坏社会诚信，影响社会的和谐稳定。那么普通公民要如何防止上当受骗呢？第一，树立正确的价值观和金钱观，杜绝贪小便宜的想法，从思想上避免受骗。第二，防止身份信息泄露，在外办理业务时记得收好身份证复印件等私人材料，不随意透露个人信息，避免给不法分子可乘之机。第三，耐心辨别真伪，收到任何与资金往来有关的电话或者信息，不要急于操作，要记得找官方渠道求证。第四，多积累知识，平时可以多学习一些防诈小知识，帮助自己快速鉴别信息的真伪。

5. 实施电信网络诈骗，应承担怎样的刑事责任？

目前《刑法》并未规定专门的电信网络诈骗罪，对于实施电信网络诈骗的犯罪分子，仍适用我国《刑法》第 266 条以“诈骗罪”予以处罚。

以案说法

群发信用卡逾期短信，套取他人信息诈骗钱财

2019 年 9 月至 11 月，郑某钦、邱某秀等人为牟取非法利益，从海南省儋州市窜至贵阳市观山湖区，通过向被害人群发信息谎称其信用卡逾期的方式，诱骗被害人拨打信息中所留电话号码，套取被害人的身份信息、银行卡信息和验证码后，将被害人信用卡中的资金转出，骗取被害人的钱财。该诈骗集团共计诈骗 20 人，诈骗钱款 311001 元。

法院经审理认为，郑某钦、邱某秀、符某良、王某勇等人以非法占有为目的，通过向被害人群发信息谎称其信用卡逾期的方式，诱骗被害人拨打信息中所留电话号码，套取被害人的身份信息、银行卡信息和验证码后，将被害人信用卡中的资金转出，骗取被害人的钱财，数额巨大，其行为均已构成诈骗罪，以诈骗罪判处郑某钦、邱某秀等人有期徒刑 3 年至 6 年不等，并处罚金。

专家建议

大家收到“信用卡逾期”“提升信用卡额度”等短信时，切勿轻信，一定要第一时间拨打客服电话。但需要注意的是，不要拨打短信里预留的电话，要致电银行的官方电话，或到银行柜面进行确认。同时做到“卡号”不能给，“密码”不能给，“验证码”不能给！

6. 并未直接实施电信网络诈骗，但是为他人实施电信网络诈骗提供帮助、技术支持的，应承担怎样的刑事责任？

对于帮助他人进行网络诈骗犯罪的，适用《刑法》第 287 条之二以“帮助信息网络犯罪活动罪”予以处罚。

以案说法

1. 帮罪犯支付结算，构成帮助信息网络犯罪活动罪

赵某甲经营的网络科技有限公司的主营业务为第三方支付公司网络支付接口代理。赵某甲在明知申请支付接口需要提供商户营业执照、法人代表身份证等五证信息和网络商城备案域名，且明知非法代理的网络支付接口可能被用于犯罪资金走账和洗钱的情况下，仍通过事先购买的企业五证信息和假域名备案在第三方公司申请支付账号，以每个账号收取 2000 元至 3500 元不等的接口费将账号卖给他人，并收取该账号入金金额千分之三左右的分润。

2016 年 11 月 17 日，被害人赵某乙被骗 600 万元。其中 50 万元经他人账户转入在第三方某股份有限公司开户的某贸易有限公司商户账号内流转，该商户账号由赵某甲通过上述方式代理。

人民法院判决认为：赵某甲明知他人利用信息网络实施犯罪，仍为其犯罪提供支付结算的帮助，该行为已构成帮助信息网络犯罪活动罪。赵某甲到案后如实供述自己的罪行，依法可以从轻处罚。以帮助信息网络犯罪活动罪判处赵某甲有期徒刑 7 个月，并处罚金人民币 3000 元。该判决已发生法律效力。

2. 帮罪犯开办银行卡，亦是犯罪

2018 年 5 月 28 日，侯某元、刘某祈在我国台湾地区受人指派，带领刘某民、蔡某彦等到大陆的银行办理银行卡，用于电信网络诈骗等违法犯罪活动。刘某民、蔡某彦明知开办的银行卡可能用于电信网络诈骗等犯罪活动，但为了高额回报，仍在金华多家银行网点共开办了 12 张银行卡，并开通网银功能。侯某元、刘某祈以同样的方式在金华市区义乌两地办理银行卡，并带回我国台湾地区。

人民法院判决认为：侯某元、刘某祈、蔡某彦、刘某民明知开办的银行卡可能用于实施电信网络诈骗等犯罪行为，仍受人指派到金华市开办银行卡，情节严重，其行为均已构成帮助信息网络犯罪活动罪。以帮助信息网络犯罪活动罪判处侯某元、刘某祈有期徒刑 1 年 2 个月，并处罚金人民币 1 万元；蔡某彦、刘某民有期徒刑 9 个月，并处罚金人民币 9000 元。该判决已发生法律效力。

专家建议

为他人实施信息网络犯罪提供支付结算帮助，情节严重的，构成帮助信息网络犯罪活动罪。随着网络技术的发展，部分传统犯罪日益向互联网迁移，利用网络实施的新型网络犯罪活动不断增多，花样不断翻新。但网络绝不是法外之地。面对花样繁多、不断翻新的网络犯罪手法，在此提醒广大读者一定要保持高度警

惕，切实增强防骗防盗意识，拒绝参与不法网络活动，共同维护健康的网络环境。

为他人实施信息网络犯罪提供开办银行卡帮助，情节严重的，构成帮助信息网络犯罪活动罪。犯罪分子实施网络诈骗、开设赌博网站、洗钱等犯罪行为，均需要使用银行账户进行资金支付结算，为逃避打击，犯罪分子选择购买他人实名制银行账户，导致网上非法买卖银行卡成为一条完整的灰色产业链。非法买卖银行卡，轻则受到银行业五年内暂停银行账户非柜面业务、支付账户所有业务等信用惩戒，重则涉嫌犯罪，依法被追究刑事责任。广大读者务必要注重个人信息保护，不要将个人身份证、银行卡、手机卡等出借、出售、出租给他人使用，成为犯罪分子的犯罪工具，千万不要因为一时贪念成为犯罪分子的帮凶。

7. 电信网络诈骗主要有几种类型？

电信网络诈骗一直潜伏在人们的四周，让人猝不及防，无意之中就频频上当。而电信网络诈骗方式多种多样，又多远程作案，使得对其打击难度大，案件侦查难度高，至于追回被骗损失更是困难重重。

作为一种“非接触式”案件，电信网络诈骗案件具有严重的社会危害性。

电信网络诈骗案主要归纳为七大类：利益诱惑类，提供特定服务类，虚构险情类，虚假购物消费类，色情、赌博类，冒充身份类，活动类。

根据公安部公布的电信网络诈骗相关数据以及司法实践，本书将常见的诈骗手段归纳为 7 大类型，表现为 40 种诈骗手法。其中，最频发的为使用电话和网络进行诈骗。

在本书第二章，我们将具体介绍这 40 种常见的电信网络诈骗手法。

法律直通车

《中华人民共和国刑法》

第二百五十三条之一　违反国家有关规定，向他人出售或者提供公民个人信息，情节严重的，处三年以下有期徒刑或者拘役，并处或者单处罚金；情节特别严重的，处三年以上七年以下有期徒刑，并处罚金。

违反国家有关规定，将在履行职责或者提供服务过程中获得的公民个人信息，出售或者提供给他人的，依照前款的规定从重处罚。

窃取或者以其他方法非法获取公民个人信息的，依照第一款的规定处罚。

单位犯前三款罪的，对单位判处罚金，并对其直接负责的主管人员和其他直接责任人员，依照各该款的规定处罚。

第二百六十六条　诈骗公私财物，数额较大的，处三年以下有期徒刑、拘役或者管制，并处或者单处罚金；数额巨大或者有其他严重情节的，处三年以上十年以下有期徒刑，并处罚金；数额特别巨大或者有其他特别严重情节的，处十年以上有期徒刑或者无期徒刑，并处罚金或者没收财产。本法另有规定的，依照规定。

第二百八十七条之二 明知他人利用信息网络实施犯罪，为其犯罪提供互联网接入、服务器托管、网络存储、通讯传输等技术支持，或者提供广告推广、支付结算等帮助，情节严重的，处三年以下有期徒刑或者拘役，并处或者单处罚金。

单位犯前款罪的，对单位判处罚金，并对其直接负责的主管人员和其他直接责任人员，依照第一款的规定处罚。

有前两款行为，同时构成其他犯罪的，依照处罚较重的规定定罪处罚。

第二章

常见7大类、40种电信网络诈骗

第一节 利益诱惑类电信网络诈骗

诈骗犯罪能屡屡得手有很多原因，外因可能是诈骗手法“高明”，但深究内因，很大程度上是利用了人性的弱点——贪婪。贪小便宜、不劳而获、稳赚不赔、快速致富、低投入高回报等关键词，都是诈骗分子叩开被害人心防之门的解锁密码。

利益诱惑类诈骗，主要有如下九种诈骗手法，其中最高发的就是刷单诈骗。本节将详细讲述刷单诈骗，同时将其他诈骗手法予以简要介绍。

1. 如何辨别刷单诈骗？

话术：“日结，到账快，只需点点手机，在家即可轻松赚钱……”“做任务领红包，玩游戏还不耽误赚钱……”“想约会吗？点我就能帮你快速认识白富美……”

刷单诈骗的套路主要是利用兼职收入、小额红包、虚假招嫖平台、免费领礼品等手段，诱骗被害人上当。

手段一：兼职诱惑

不法分子通过群发信息，称其可提供刷单兼职岗位。通常这些刷单平台先期会支付一定的报酬，在被害人深信不疑时，平台会推送信息告知可以充值成为会员，解锁回报更高阶的刷单任务，获取更高的报酬，等被害人充值大笔金额后，获利和本金都会无法提取。大部分刷客是大学生和家庭妇女。

手段详解：（1）在微信群发布招聘广告，要求求职人员扫码入群；（2）在小群发布 APP 下载方式，简要讲解刷单流程；（3）先期刷单收益直接到账，进行信任迷惑；（4）APP 页面进行会员推广，要求充值成为会员，解锁更高回报收益方式；（5）被害人充值后将被害人账户资金锁定、转走。

以案说法

1. 聊家常骗取信任，以兼职保证金形式骗取钱财

山西省张某通过快手 APP 添加了一个自称“天天妈妈”的好友，二人就养育孩子和日常生活经常聊天。聊了一段时间后，对方称可以教张某通过刷单赚钱，并表示自己就通过这种方式每天赚取 100 元左右的收入补贴家用，轻松不费力，不耽误做家务和接送孩子。具有相同生活经历的张某对此深信不疑，“天天妈妈”称需要转账 3000 元作为平台保证金才能刷单，张某转账后，再也无法联系上“天天妈妈”后发现被骗。

2. 帮助罪犯进行刷单广告推广，构成犯罪

方某彬于 2021 年 2 月 21 日 17 时许，添加了微信好友“刘二放”，“刘二放”让其帮忙投放兼职刷单、网赚类的广告，方某彬明知对方投放的为诈骗广告，但在“刘二放”答应有百分之十广告投放量返点的诱惑下，仍通过微信联系深圳今日头条科技有限

公司同事李某欣，称投放招聘类广告，要李某欣帮助深圳在手科技有限公司注册账户和拟定广告合同，并提供给“刘二放”。2021 年 2 月 25 日上午，“刘二放”团伙在投放广告后，导致被害人周某 1、康某等人在抖音上下载了盗版的拼多多 APP，并在此平台上点击兼职任务后，点击抖音广告参与刷单，共计被骗 193896 元。

法院认为，方某彬为牟取利益，明知他人实施电信网络诈骗，仍帮助他人进行广告推广，且诈骗广告页面浏览量累计到达五万次以上，属于其他特别严重情节，以方某彬犯诈骗罪，判处有期徒刑 4 年 10 个月，并处罚金 1 万元。

手段二：小额红包诱惑

不法分子通过互联网、短信等广泛发布虚假广告，称做任务可领红包，诱骗被害人先进入大的刷单群，将活跃的人继续拉入小群，在小群里最活跃的人，引流公司会将信息卖给境外诈骗团队，由诈骗团队的客服一对一地对受害人实施诈骗。

手段详解：（1）通过简单任务领取小额红包，筛选出贪心的人拉入小群；（2）在小群里以领取小额红包为诱惑让成员完成下载 APP（诈骗 APP）任务；（3）针对已下载 APP 的人，单独加 QQ，让受害人做大额刷单，实施诈骗。诈骗分子充分拿捏了受害人的心理，把最活跃、最贪心的人挑选出来，实施精准诈骗。

以案说法

1. 以刷单领礼物为诱饵，引诱赌博刷单骗钱财

河北省李某收到一条“刷单免费领烤箱”的短信，添加对方微信后被拉入兼职刷单群。通过对方介绍的方法，李某简单刷单每次能领取5~10元红包。后来群里不断有人发布领取了更大额红包的信息，李某心动不已并向群主询问如何才能获得更大额的红包，群主告知李某想要高收益，需要完成“大单”任务。随后群主让李某下载相关软件后开始做“大单”，即“关注公众号，买大小投注博彩”的任务，李某先是投入了500元，获得了50元的收益，然后李某又投入了1000元，这次获得了110元的收益。李某心动不已，觉得自己运气不错，可以趁着这次手气好多投入一些，随后李某在这个软件上充值了5万元，但这时软件平台却显示李某无权限无法操作，也无法提现，李某这才发觉自己被骗。

2. 招揽“代理”引诱刷单投资骗取钱财

2021年3月起，章某玲经他人授意，通过招揽“代理”，再由“代理”招揽“托”的方式将用户引导到他人建立的“抖音”群、微信群内；而该微信群内除“关注发放红包”外，会引导用户下载“易云”“易&贝”“百思买”等软件。公安部电信网络诈骗侦办平台数据显示，通过下载“易云”“易&贝”“百思买”软件，以刷单返利、虚假投资等为名被骗的金额达人民币600余万元。章某玲以其招揽的“托”的人数收取报酬，经统计，其自2021年8月至10月共获利20余万元。

法院经审理认为，章某玲犯非法利用信息网络罪，判处有期徒刑1年6个月，并处罚金人民币50000元。

手段三：招嫖诱惑

不法分子制作虚假的招嫖平台，广泛发布虚假广告，让受害人登录虚假APP，要达到招嫖的目的，按照平台的流程，需要做任务刷单。

手段详解：（1）制作虚假的招嫖平台；（2）通互联网、短信等广泛发布虚假广告；（3）要达到目的，就要做任务，每个人对应不同的刷单金额，完成任务才可以选择。

以案说法

1. 以刷单可免费招嫖为诱饵骗取钱财

上海市青浦区李某在家接到一条带链接的招嫖短信，根据对方要求，李某下载了一款叫相依阁的手机APP，对方称按要求刷单可免费提供小姐，李某完成刷单任务后按照对方的指示在软件里购买“春夏秋冬”，李某先后向对方转账10万余元人民币，后发现被骗。

2. 以刷单可提供特殊服务为诱饵骗取钱财

三名男子张某、程某、何某收到短信称：“点击链接下载APP，海量色情视频、同城约炮应有尽有”，三人随即下载“美色”APP、“茶余”APP并按提示注册。APP均显示需要通过购买商品“兼职刷单赚钱”成为会员才能观看完整视频、进行特殊服务。三人在“美女客服”的指导下开始刷单，前几单支付小额费用获利后，三人加大投入金额，随后客服以“需要开通修复通道”“做特批数据订单”“提现需缴纳救援金”“任务库内数据不匹配”为由诱骗三人持续刷单，在先后转款十余次后，始终无法提现，三人发现被骗。

经查，张某被骗97万元、陈某被骗51万元、何某被骗55万元，合计被骗203万元。

3. 以刷单做任务送嫖资为诱饵骗取钱财

2021年10月5日上午，陈某点击链接下载“蝴蝶谷”交友APP寻求“同城约炮”，客服称充值会员、做任务可赠送“约炮”所需的开房费、车费，后又称需要验证信誉度、验证资金流水等，陈某先后转账114543元后发现被骗。

4. 以先赌博刷单才可嫖娼为诱饵骗取钱财

男子小帅（化名）在家闲来无事，用手机搜索“同城私密约会”时，被网站推送的一条“招嫖”短信链接吸引，随即点击链接下载“春宫丽院”APP。很快，有一名客服主动联系小帅，推荐他办理一个38元的“黄金会员”，并告诉他有了这个套餐，就可以获得和女孩约会一次的资格。小帅听后谨慎地充了38元。

随后，客服告诉小帅，他还需要完成三笔刷单任务才可以约会，这些任务只需要根据客服的指导，在软件内进行“买福”“买禄”“买寿”“买喜”的操作就可以，小帅觉得简单就答应了，客服便将小帅拉入一个任务发布群中。在客服的带领下，小帅很快地完成了前4笔1188元、6994元、18660元、40963元的投注任务，但在小帅要提现时，对方开始以小帅多次操作错误，导致账户异常、被冻结为由要求小帅多次转账解封。

小帅将自己在各个平台的贷款和存款陆续转账给对方后，客服称他还得再转账 38 万元才能提现，此时的小帅才意识到自己被骗，但他已经给对方银行卡转账 11 次，共计 64 万元。

手段四：免费领礼品

不法分子发布广告声称可以免费领礼品，吸引受害人下载虚假诈骗 APP，中期拉受害人进群派单刷任务，引诱受害人进行尝试，并会支付一定的收益返还，后期逐步引导受害人投入大笔款项，甚至去博彩投大注另求高回报。

手段详解：（1）以免费领取礼品为由，诱骗被害人领取便宜礼品；（2）要领物品，须下载 APP（诈骗 APP）；（3）受害人下载诈骗 APP 后，发现 APP 里面还可以“赚钱”；（4）小额返利，逐步发大单给受害人刷，直至其倾家荡产。

以案说法

1. 以免费领礼物为诱饵，引诱刷单赌博骗取钱财

山东省东营市赵某通过微信群内陌生网友发送的免费领取商品使用信息，按照对方指示下载好运猫软件。赵某在好运猫软件中押注福禄寿喜博彩，押中即可完成刷单任务，并通过手机银行给对方转账 3 万元人民币，后发现被骗。

2. 以赠送礼品为诱饵，引诱刷单返利骗取钱财

刘先生收到一条短信：“您上次在我店买的宝贝已确认收货。请添加登记员的微信：189××××××××，赠您煎烤机一台，截止日期为明天。”刘先生赶紧添加了对方的微信，对方把刘先生拉进了一个微信群。他看到群内有很多人在热烈地讨论“做任务”，并晒出了完成任务后获得的返利红包。“任务”很简单，就是关注微信公众号、抖音点赞之类，完成后可以获得2块钱的红包返利。看着群里热烈的讨论，刘先生心动了，跟着群友开始“做任务”。

第二天下午，有人主动在群里邀请刘先生下载“柚聊”APP，获得更多返利。刘先生下载了该APP。很快，刘先生接到了一个1999元的刷单任务，任务完成后，收到了500元的返利。

这500元让刘先生欣喜不已，对“做任务返利”深信不疑。紧接着刘先生收到了第二单任务，需要支付12999元完成一个刷单。但这一次刘先生完成后，却没有收到返利。负责“任务”派发的工作人员称，刘先生需要连续完成三单同样的任务才算做完一个单元，才能获得返利。刘先生只好又做了两次同样的“任务”。可这时对方称，刘先生做“任务”时出现了卡单现象，需要接着完成第二个单元的“任务”才有返利。

刘先生感觉不对，刚提出疑问，便被踢出了群聊。随后，刘先生意识到被骗，向警方报案。

专家建议

刷单是违规违法行为，其违反了《民法典》及《反不正当竞争法》中的公平、诚信原则；违反了《消费者权益保护法》中所规定的“网络刷单行为损害了消费者的知情权，违反了经营者履行如实告知的义务”；违反了《网络交易监督管理办法》中所规定的“网络交易经营者不得虚构交易、编造用户评价”。国家法律法规、电商平台均明令禁止这种虚假交易，一切以“刷单返利”赚取佣金的行为均为诈骗。切勿抱有侥幸心理，切勿轻信陌生人的术语，坚决拒绝刷单，保住自己的钱袋子，以防上当受骗。

如何辨别返利诈骗？

话术：“充 100 元完成任务即可膨胀成 120 元，轻松提现，瞬间到账……”

不法分子利用虚假的事由吸引被害人下载诈骗 APP，在任务中设置高额的返利比例，诱惑被害人进行投资完成返利任务，等被害人大额投资后，APP 后台随即将被害人账户锁定，使资金无法提现。

以案说法

1. 以微博点赞领奖励为由，诱导充值返利骗取钱财

北京市朝阳区的王某被拉进某微信群，微信群里有人发送链接称完成微博点赞任务可以领取奖励。王某通过链接下载了名为“小叮当”的 APP，后根据对方指导完成微博点赞任务，在完成过程中 APP 提示有充值返利任务，王某充值后发现无法提现，意识到被骗。

2. 以返利为诱饵，引诱充值提升信誉可返利骗取钱财

王某在快手上刷视频，刷到了一个“蜜月”APP 的广告页面，关上快手后，发现“蜜月”APP已经安装在手机页面上，点进去后不用注册，显示充值有50元返利，王某按照要求充值后发现卡内收到50元，王某认为有利可图，之后按照APP的提示，开始做任务，最终发现无法提现。APP提示因为王某信誉分不够，需要充值提升信誉，同时还需要支付一定的提现手续费，王某先后充值3000元，一直到“蜜月”APP无法登录，王某才发现自己被骗。

3. 以国家扶贫、资产解冻后高额返利为由骗取钱财

1991年至2010年，谈某林、何某榜先后加入非法组织“国务院国际梅花协会”，并参与民族资产解冻项目（又称“民族大业”），该组织以国家扶贫、资产解冻后高额返利等噱头为诱饵，通过吸收会员资金等手段骗取他人钱财，谈某林担任武汉片区大组长，负责武汉、黄石、鄂州等地工作，而何某榜担任大冶片区小组长。因承诺的收益一直未兑现，谈某林、何某榜已知悉所参与的项目是诈骗项目，但存有侥幸心理，仍通过召集组织会员开会、介绍虚假筹资项目文件、宣称参与项目的会员能够获得高额回报等方式发展下线会员，并收取会员缴纳的各种费用。截至2018年3月，谈某林在武汉片区共发展含大冶片区在内的52个小组，发展会员计2200余人。何某榜在大冶片区发展会员60余人。

法院经审理认为，谈某林、何某榜明知他人虚构事实、隐瞒真相，骗取被害人钱款，还帮助他人宣传虚假信息，发展下线会员参与其中，谈某林收取组织会员投资款25万余元、何某榜收取组织会员投资款10万余元，数额巨大，其行为均已构成诈骗罪。

4. 以返利为由，诱骗婚恋网站用户加入传销组织骗取钱财

李某权曾从事传销活动，掌握了传销组织的运作模式，在该模式下建立起140余人的诈骗犯罪集团。李某权作为诈骗犯罪集团的总经理，全面负责掌握犯罪集团的活动，任命吴某琼、吴某飞、闫某霞、闫某飞、骆某、胡某安等人为主要管理人员，设立诈骗窝点并安排主要管理人员对各个窝点进行监控和管理，安排专人传授犯罪方法，收取诈骗所得资金，分配犯罪所得。该犯罪集团采用总经理—经理—主任—业务主管—业务员的层级传销组织管理模式，对新加入的成员要求每人按照2900元一单的数额缴纳入门费，按照一定的比例数额层层返利，向组织交单作为成员晋升的业绩标准，层层返利作为对各层级的回报和利益刺激，不断诱骗他人加入该诈骗集团。2016年1月至12月15日，该犯罪集团在宁夏回族自治区固原市设立十个诈骗窝点，由多名下线诈骗人员从“有缘网”“百合网”等婚恋交友网站上获取全国各地被害人信息，利用手机微信、QQ等实时通讯工具将被害人加为好友，再冒充单身女性以找对象、交朋友为名取得被害人信任，能骗来加入组织的加入组织，不能骗来的向其索要路费、电话费、疾病救治费等，对不特定的被害人实施诈骗活动，诈骗犯罪活动涉及全国31个省、自治区，诈骗非法所得920余万元。

5. 以充值返利、使用退款专线为由诈骗钱财

张某（QQ昵称：夺目花总）、钱某龙（QQ昵称：将军）通过网络QQ工具以充值返利形式（行业内称“杀鱼”）实施诈骗行为。2020年7月31日，被害人刘某通过QQ群（群名不详）加上了张某的QQ昵称“王牌对王牌主持人”的号码，张某便以

"返利诈骗"的形式吸引刘某充值，刘某先后三次向张某提供的收款码支付了781.13元、1999.99元、2699.64元，共计5480.76元，张某诈骗完三次之后完成首单。张某诈骗完首单之后，将刘某介绍给QQ群"将军情谊群"的好友钱某龙，钱某龙在明知刘某是诈骗被害人的情况下，仍将其介绍给实施诈骗的下线（具体身份不详），帮助下线实施诈骗。钱某龙所介绍的下线以"退款专线备用"的名义继续对刘某实施诈骗，刘某先后五次向提供的收款码支付了9998元、9998元、9999元、9998元、9998元。刘某被骗"首单""后续"共计55471.76元。

专家建议

此类案件诈骗对象多为女性，且学生居多，平均年龄不大，社会经验少，听到身边人或陌生人通过返利获得了实惠，就按捺不住蠢蠢欲动发财的心，占小便宜思想作祟。贪小便宜吃大亏，天上不会掉馅饼，添加陌生人为好友时务必谨慎，对待微信、朋友圈里的信息一定要三思，尤其是涉及金钱时更要多方核实确认，不要轻易点击陌生链接安装APP，更不要轻易转账，任何要求垫资的广告都是诈骗。不要向陌生人提供"付款二维码"截图以及"付款码数字"，不随意点击来历不明的网址链接或视频，谨防手机"中毒"。建议家长加强对未成年子女在使用手机、社交软件、支付工具方面的监督与教育，提醒孩子网络环境复杂，不加陌生人、不贪心、不好奇。一旦发现上当受骗，请立即拨打110报警，并保留对方微信号、银行卡号、聊天记录等线索。

如何辨别兑换积分诈骗？

话术：“您的2021年手机通话积分年底即将清零，请及时登录商城中心进行兑换，多种商品任您挑选……”

不法分子谎称受害人手机积分可以兑换奖品，诱使被害人点击钓鱼链接，一旦点击并填写信息，受害人的银行卡号、密码等信息将被套取。

以案说法

1. 以兑换银行积分为诱饵，骗取账号密码诈骗钱财

山西省大同市孙某接到招商银行积分兑换短信（短信中附带链接），声称点击链接可以699积分兑换双立人厨具4件套。孙某点击进入后，根据要求填写银行卡账号、登录密码，兑换完成后孙某并未收到兑换商品反而发现信用卡被盗刷4000元。

2. 以兑换话费积分为诱饵，骗取信息盗刷银行卡诈骗钱财

北京的杨先生收到一条由某电信运营商发来的积分兑换短信，内容如下：“尊敬的用户您好：您的话费积分3160即将过期，请手机登录web-10086.com/bank激活领取现金礼包。中国移动”。见到短信是由自己手机号所在运营商的号码发送的，因网址与真实网址近似，杨先生并没有过多地怀疑，就用手机打开了网址。进入的也是一个标题为“掌上营业厅”的页面，页面要求填写姓名、身份证号、信用卡卡号、交易密码、预留手机和卡背后三位等信息。杨先生按照要求填写了相关信息后，点击下一步，又进入了一个标题为“全国银联信用卡提额专用”的页面。继续填写信息后被要求下载一个安全控件（实际上是木马程序）。当杨先生一切都按照页面提示提交信息后，页面就进入了一直等待的状态。不久后，杨先生就收到多笔消费短信，提示自己的信用卡被消费了7739元。

3. 以手机积分兑换为诱饵，交付假冒手机骗取钱财

2014年6月初，党某及宋某、赵某在深圳市龙华新区设点诈骗。党某利用计算机软件获取大量电话号码，由成员按照专门“话术”冒充三星或者电信、移动的客服中心，谎称客户的手机积分可以兑换正版手机，只要给付499元或599元、699元人民币就可获得三星正版手机和话费充值卡。如果客户同意购买，就将假冒手机及无法充值的充值卡快递给客户，骗取财物。另有成员作为售后人员，负责接听客户来电。后党某以某电子科技公司名义与他人在深圳市龙华新区又设立一诈骗窝点，招聘多名销售人员继续通过上述方式诈骗财物。

2014年10月17日，公安机关破获案件，截至案发，两窝点共诈骗被害人财物近260万元。经鉴定，涉案手机价值人民币180元，系假冒手机。深圳市龙岗区人民法院判处党某犯诈骗罪，判处有期徒刑12年4个月，并处罚金人民币15000元。

专家建议

这些骗局都是骗子通过基站伪装成电信运营商发送短信，诱导受害者填写个人信息并下载木马软件，最后盗刷受害者的信用卡。收到类似短信需注意三点：第一，收到积分兑换的短信，即便是自己熟悉的客服号码发来的信息，也不能轻易相信。比如，常见的 10086，骗子会利用大家对英文字母“l”和阿拉伯数字“1”的低辨识度，混淆视野、投机取巧。第二，凡是短信中有网址链接的，一定要注意识别，千万不能随意点击，因为其有可能是木马病毒或是仿冒的钓鱼网站。遇到要输入真实姓名、银行卡及密码等隐私信息时，一定要多留心。不论是银行还是电信运营商抑或是商家发送的活动短信，通常只会要求用户填写账号或手机号，不会要求用户填写银行卡密码、身份证号等非常敏感的信息，更不可能要求用户填写信用卡有效期、安全码等信息。第三，骗子还会冒充工作人员，拨打电话宣传积分兑换礼品活动，索要验证码、密码；或是谎称中奖、积分回馈活动，索要各类验证信息，骗取钱财。办理积分兑换业务，尽量不要直接跳转链接操作，可拨打官方客服电话或者登录官网咨询办理，或者通过官方渠道下载的 APP 进行操作。

4. 如何辨别扫描二维码赠送小礼品诈骗？

话术：“新店推广，注册会员，赠送床上四件套，免费邮寄到家……”

不法分子往往以商品推广，或者以降价、奖励为诱饵，让受害人扫描二维码成为会员或领取优惠，实则附带木马病毒。一旦扫描，木马就会盗窃受害人的银行账号、密码等个人信息。

以案说法

1. 点击领取礼物小程序，手机被盗刷

北京市朝阳区张某在地铁上遇到业务员推广新店开张，声称扫描添加公司信息，即可到店领取免费礼品一件，张某见业务员为年轻小姑娘不忍拒绝，扫描添加后被对方拉入微信群中，微信群中自称店长的一名工作人员发送一个小程序，称礼品可以到店领取，也可以根据小程序要求填写信息邮寄到家，张某填写信息后，发现手机被盗刷。

2. 以领取礼品为诱饵，诱骗群众发布诈骗信息

自2022年3月以来，魏某在清河等地以微信转发信息免费领取水杯、收纳箱等礼品为由吸引群众，要求领取礼品的群众使用微信在多个群内发布虚假招聘、点赞引流兼职图片信息，同时要求上述人员扫码进群并拉好友到诈骗群内发布上述信息，作案后删除信息，导致多人因刷单被骗。

3. 以扫码免费送礼物为诱饵，骗取钱财

2021年7月6日上午，周某坪、何某进、胡某浪三人来到湖南省衡阳县，通过扫码免费送礼品的方式，吸引他人用手机扫描上线“滴滴”提供的微信二维码进入微信诈骗群，再将他人微信中的女性好友拉入微信诈骗群。当日下午2时许，三人来到黄某的店中，以公司推广APP并赠送玩具礼物为由，让黄某把手机交给周某坪、胡某浪操作，周某坪、胡某浪将黄某手机扫描微信二维码进入诈骗微信群，再将黄某微信中的女性微信好友拉入诈骗

微信群。当日，黄某的三名微信好友邹某、伍某、涂某被拉至微信诈骗群并被诈骗。其中，邹某被诈骗64077元，伍某被诈骗45100元，涂某被诈骗60000元。

法院经审理认为，周某坪、何某进、胡某浪以非法占有为目的，明知他人利用诈骗微信群实施电信网络诈骗，仍通过欺骗手段将被害人拉入微信群，致使被害人被骗财物，数额巨大，其行为符合诈骗罪的构成要件，构成诈骗罪，三人分别被判处3年至3年6个月的有期徒刑。

专家建议

手机扫码转发信息，免费领取礼品，千万别动心。扫码领取礼品的群众自认为本人没有什么损失，还能得到免费礼品，但是却容易泄露个人信息，或者是沦为骗子的“工具”，被骗子利用将诈骗二维码转发到微信群，领取免费礼品者的微信好友都有可能成为诈骗的受害者。

5. 如何辨别冒充知名企业中奖诈骗？

话术：“为回馈广大用户的支持，本公司举行抽奖活动，一等奖可以免费领取本公司的任一产品，二等奖可以一折的价格选购本公司的产品……”

不法分子冒充知名企业，印刷大量虚假中奖刮刮卡，投递发送，一旦有人上当，便会以各种理由收取费用。

以案说法

1. 以免费试用名牌产品为诱饵，骗取安装费

北京市海淀区李某收到一条陌生短信，短信称碧然德净水器公司为感谢老客户的支持，特选出一批幸运用户，点击链接可以免费试用领取公司的新品，即一款价值2999元的净水器，使用后如果效果良好，李某不用归还净水器，仅需在申请页面填写使用心得和好评即可。李某家中一直使用碧然德滤水壶，所以李某未加怀疑便点击了领取，根据页面提示，商品无须付款且免费邮寄到家，但需提前缴纳199元的上门安装费用。李某支付后，迟迟未收到货物，经核实，该短信链接为虚假活动链接。

2. 以虚假优惠活动为诱饵，高价售卖低价商品

庄某与蔡某经预谋后，于2016年5月3日办理了名为石狮市合鑫通讯店的个体工商户营业执照，并从同月起雇用话务员以泉州移动专营部名义拨打他人电话，推销398元虚假优惠活动（即一次性支付人民币398元可获得一台“中山九阳”豆浆机、一块小米充电宝和面值400元的话费充值卡）。被害人同意购买后，庄某通过手机向被害人发送售后短信，再由顺丰快递以货到付款的方式将上述物品送给被害人并收取每单货款人民币398元。

经查，两人寄送给被害人的“中山九阳”豆浆机市场批发价为90元，小米充电宝实际系贴牌产品，面值400元话费充值卡实际为一款名为“云电话”软件的网络充值卡。两人采用上述方式骗取了142名被害人钱款合计人民币56516元。

法院经审理认为，庄某犯诈骗罪，判处有期徒刑4年，并处罚金人民币3万元；蔡某犯诈骗罪，判处有期徒刑3年9个月，并处罚金人民币3万元。

3. 以排队领大奖为诱饵，骗取会员费

2015年4月20日，王某注册成立泗县垒福商务管理服务有限公司（以下简称垒福公司），并租赁服务器建立泗县垒福商城网站。2016年10月至2017年，王某以互助垒福名义对外宣传“9888项目”，即缴纳9888元便可成为垒福公司会员并获得一个排队领奖的编号，谎称再有11人加入会员，该编号的人便能获得一辆价值7万元的轿车或7万元现金。为了让更多的人加入会员，王某在垒福商城网站上伪造多家分公司照片，编造会员信息及比实际会员数大的虚假编号给加盟人员，营造该公司运行良好的假象，并向被害人允诺保证可以获得奖励或可以随时退款。后期因无人参与，“9888项目”无法继续运行下去，王某又先后推出与该项目模式相同的“5888项目”“2888项目”“988项目”，先后骗取吴某、时某等29名被害人合计471596元。

法院经审理认为，王某以非法占有为目的，采取虚构事实、隐瞒真相的方法，骗取他人财物，数额巨大，其行为已构成诈骗罪，判处有期徒刑9年4个月。

专家建议

知名企业组织抽奖活动，不会让中奖者“先交钱，后兑奖”，对方提出必须先支付手续费、税款时，可询问是否从应得奖金中扣除后直接兑奖，若对方不肯，肯定是“中奖诈骗”。

以案例 2 为例，广大读者可从以下几个方面做好防范工作：一是提高防范意识，不偏听偏信。正规移动营业厅均有固定地址并可查询，接到此类推销可详细了解套餐内容及移动营业厅所在地并进行核查。二是详细查验所送物品，部分假冒伪劣产品做工粗糙，仅凭肉眼就能辨别真伪。三是以经营生活的常识经验进行判断。正规优惠移动套餐的收费方式均为从手机话费中扣除一定金额，或对手机号码进行充值后，再赠送物品或话费。直接向被害人收取现金，明显异于常理。

6. 如何辨别娱乐节目中奖诈骗？

话术：“您好，恭喜您成为“中国好声音”第五季幸运观众，点开链接，查看领奖方式！”

不法分子以“我要上春晚”“跑男”“中国好声音”等热播节目组的名义向受害人手机群发短信息，称其已被抽选为节目幸运观众，将获得巨额奖品，后以需交手续费、保证金或个人所得税等借口实施连环诈骗，诱骗受害人向指定银行账户汇款。

以案说法

1. 以承担法律责任为由，要挟领奖骗取钱财

马女士收到一条短信，内容为“恭喜您！您的号码已被‘快乐大本营’栏目组抽选为场外幸运观众，您将获得由‘快乐大本营’栏目组送出的一等奖苹果电脑及手机各一台，请登录官网领取，您的验证码为3666。本次活动已经通过北京互联网公证处审批通过，用户可以放心领取，活动最终解释权归湖南卫视电视台所有，感谢您一直以来对湖南电视台的支持与厚爱！”马女士收到信息后感到很惊喜，点开了中奖网址，根据提示填写了个人的基本信息，但发现需要提交2000元的个人所得税才能领取奖品。马女士考虑了一下觉得这不一定是真的，便放弃了操作。

可没过几天，马女士接到一个陌生电话，对方称是法院的工作人员，因马女士没有及时领取奖励，占用了栏目组中奖名额，被快乐大本营栏目组法务部门起诉到法院，如果还不交押金领取奖品，将需要出庭承担法律责任。马女士害怕真因为自己的行为惹上官司，慌乱之下按照之前短信的内容缴纳了所谓“个人所得税”，但迟迟未收到奖品，后经核实才发现自己被骗。

2. 以领奖需先交纳“手续费”为由骗取钱财

从2014年7月起，陈某在百度贴吧、阿里巴巴等网站，发布关于在“中国好声音”“星光大道”等栏目中奖的虚假信息，同时还发布关于“抽奖活动的二等奖是真的吗”“中国好声音有场外抽奖活动吗”“北京市中级人民法院电话是多少”“北京市人民法院咨询电话是多少”等虚假咨询问题，并在网上予以回复，借此在网上留下虚假的“栏目组客服电话”或“北京市中级人民法院”“北京市人民法院”的联系电话。当被害人拨打上述虚假联系电话咨询时，陈某冒充客服人员或法院工作人员称，被害人所咨询的信息是真实的，并告知被害人如要领奖，需将“手续费”或者“风险基金”汇入指定的银行账户。陈某用此种手段实施诈骗两起，骗得金额共计8800元。

法院经审理认为，陈某以非法占有为目的，利用互联网发布虚假信息，骗取他人钱财，数额较大，其行为已构成诈骗罪。据此，以诈骗罪判处陈某有期徒刑6个月，并处罚金人民币2000元。

3. 以领奖“保证金”和“撤诉手续费”为由骗取钱财

2013年8月至2014年3月，陈某慧雇用唐某按照其提供的手机号码，冒充“爸爸去哪儿”“奔跑吧兄弟”等综艺节目发布虚假中奖短信息，要求接到信息的“中奖者”登录“钓鱼网站”填写个人信息认领奖品。

之后，陈某慧雇用他人冒充“奔跑吧兄弟”等综艺节目的客服人员（即“话务组”），根据陈某慧提供的从“钓鱼网站”后台获取的“中奖者”个人信息，拨打或者接听“中奖者”电话，以兑奖须交纳保证金为由，诱骗“中奖者”将保证金汇入指定银行账号，骗取“中奖者”钱财。“话务组”实施诈骗之后，“二手料组”冒充律师、法院工作人员以“中奖者”未按要求交纳保证金已违约，要对其提起诉讼，要求“中奖者”向指定的银行账号交纳手续费就可以撤诉并获得奖品为由再次实施诈骗。

法院经审理认为，陈某慧、范某杰、高某忠等人犯诈骗罪，分别被判处无期徒刑、有期徒刑十多年的刑事处罚。

专家建议

如果没有参与相关活动而收到中奖信息，切勿轻信“中大奖”“免费送”等噱头，更不要相信这种“天上掉馅饼”的事情，即便参与活动中了奖，一般也是由开奖单位从奖金里先行扣除税费后，再将余款发放给中奖人，不需要中奖人在领奖前提前缴纳税费等各种费用，也不会发生中奖人因未领奖而被起诉的情况，所以不必听到自己要被起诉到法院就恐慌。同时，要多与家人沟通，不轻信陌生来电和短信，不透露个人信息、银行账户和密码等重要信息。

希望广大读者在看到电视节目中奖之类的信息后提高警惕，通过电视台或是电视栏目组官方网站、客服电话进行核实。

7. 如何辨别电子邮件中奖诈骗?

话术：“兑奖需要一些手续费，我们也得按程序办事!”

不法分子通过互联网发送中奖邮件，受害人一旦与犯罪分子联系兑奖，即以交纳“个人所得税”“公证费”“转账手续费”等理由要求受害人汇款，达到诈骗目的。

以案说法

1. 以需交纳手续费才可领奖为由骗取钱财

黄某通过网络游戏“北京冰刀行”随机发送“中奖 68000 元”的邮件给游戏玩家。13 岁的少年李某使用手机玩游戏时收到中奖邮件，信以为真，加了黄某的 QQ。黄某通过 QQ 以虚假的“兑奖客服中心”身份，编造“领取奖金需要手续费”等理由，骗取被害人李某的钱款。李某多次使用母亲的银行卡账户向黄某打款，后其母亲收到转账信息后才发现李某被骗。

2. 以领取头奖为诱饵发送境外诈骗邮件，骗取钱财

某外企业务员张先生收到一封来自国外的英文邮件，声称他“中了头彩”，奖金是 100 万欧元。张先生考虑到自己未参加过抽奖活动，于是将邮件删除。一个月过后，张先生再次收到类似的邮件，提醒他“防止过期无效”。张先生上网对邮件中提及的“DCA××公司”和“DIR××银行”进行查询，认为这家公司及银行的网页看上去很正规，就回复了邮件。对方表示“100 万欧元钱款已划进 DIR××银行的账户，你只需开户、提款，即可领到奖金”。

张先生通过网上银行支付了 620 美元“开户费”。“银行”通知他，提款之前需再交 2756 美元的“转账费”。随后“银行”要求张先生交“税金”和办“免税证”。张先生把 5500 余美元全付清后，对方又说要交“转账滞纳金”9867 欧元。张先生要求先提款再交滞纳金，但遭到对方的拒绝。此后，张先生再打电话联系“DCA××公司”和“DIR××银行”，均无人接听。

专家建议

诈骗邮件和真正中奖邮件最大的不同就是需要付费。警惕收到的中奖邮件和系统通知，不对凭空中奖心存侥幸就可以辨真去伪，安全地使用邮箱服务。正规机构、正规网站组织的抽奖活动，决不会让中奖者“先交钱，后兑现”。

8. 如何辨别高薪招聘诈骗？

话术：“加入我们，轻松月入两三万……”

不法分子通过各种渠道群发信息，以高薪招聘等为幌子，要求被害人到指定地点面试，随后以交纳培训费、服装费、保证金等名义实施诈骗。更有甚者，将被害人以境外高薪的名义骗至东南亚等电信诈骗犯罪高发地，对其实施非法拘禁、殴打等行为，迫使被害人参与电信诈骗活动。

以案说法

1. 高薪求职梦破碎，自首回国保平安

小东在网络上看到一则广告，广告内容为：月薪 10 万元，开豪车住豪宅。小东在网络上搜索同类广告发现：缅甸北部，不仅求职容易赚钱多，找一个美丽姑娘结婚也是十分容易的。小东按照网络广告联系了对方，才知道对方做的是偷渡的生意，但对方向小东保证一定能顺利发财。所谓“富贵险中求”，小东决定闯一闯。可是，刚进入缅北，小东便被对方抢走了手机和现金，为了逼小东说出银行卡密码，对方对他进行了殴打。最终，小东还是找到了“工作”——实施电信网络诈骗，他被关在房间里，每天“业务”不达标就会挨打。小东这才意识到，高薪招聘是一场大骗局。最终，小东趁对方不注意，从三楼窗户跳下，沿着中缅边境围栏找到瑞丽市公安局姐告派出所的查缉点，通过自首的方式顺利回国。

2. 以高薪招聘夜场男模为诱饵骗取钱财

2017 年 4 月至 2019 年 4 月，程某、何某经事先商议，由何某担任法定代表人成立深圳市云鑫尚文化传媒有限公司（以下简称“云鑫尚公司”），实施“男模招聘”电信网络诈骗。该犯罪集团以公司名义招聘文员和聊单手，提供宿舍并集中管理。由文员在 58 同城网发布虚假招聘广告；由何某、陈某娜等人培训聊单手；再由聊单手根据公司提供的话术冒充夜场销售总监，以高薪招聘夜场男模为诱饵，虚构入职需要买香烟打点关系等事由骗取求职者信任。章某民通过公司内部微信群汇总聊单手提供的被害人所在地区、联系方式、拟购买香烟的金额等相关信息，再分别转发给杨某等各地区接单负责人；并由宋某文等人事先联系各地场地接应人员。杨某等人再亲自或安排其他接单手配合聊单手以销售总监助理身份，继续虚构入职需要买香烟打点关系等事由骗被害人至事先选定的烟店购买香烟，并让已购买香烟的被害人去夜场“报到”，“场地接应人员”再以办理入职手续需交纳管理费、培训费等事由继续骗取被害人钱款。

2019 年 3 月至 4 月，该犯罪集团在江苏省扬州市邗江区、浙江省杭州市等地，采用上述手段实施诈骗 40 余起，骗得李某等 40 余名被害人人民币合计 91111.78 元。

法院经审理认为，宋某文伙同他人以非法占有为目的，通过网络发布虚假招聘信息，多次骗取他人财物，数额巨大，其行为已构成诈骗罪，且系共同犯罪。

专家建议

在应聘之前，求职者应到正规的人才市场选择有营业执照的正规公司，并通过工商部门官方网站查询企业的注册信息，以初步辨别企业真伪。招聘信息中出现的“专业不限”“月入过万”等为犯罪分子惯用的字眼，应聘时一定要注意甄别。用人单位以任何名义向应聘者收费均属于违法行为，凡是遇到涉及收取培训费、报名费、服装费等情况，应提高警惕，不要贸然向招工者提供的账号汇款、转账，不要轻易交纳任何费用。

9. 如何辨别重金求子诈骗？

话术：“因为身体状况，结婚十年没有孩子，望各位伸出援手，必有重谢！”

不法分子谎称愿意出重金求子，引诱受害人上当，之后以诚意金、检查费等各种理由要求转款实施诈骗。在这场骗局中，诈骗分子一般有两个重要角色——“富婆”和“律师”，根据诈骗情况，还会增加“富婆丈夫”“公证人员”等角色。诈骗分子先在张贴的广告中说明酬金：定金几十万，事成后再以百万以上金额酬谢。受害者心动致电后，“富婆”与其继续保持电话联系或网聊，并将关系进一步发展。取得受害者信任后，“富婆”会以见面为由，继续让其转账汇款，款项可能是体检费、公证费，也可能是路费、住宿费……但只要受害者提出要真正见面，就会被“富婆”以各种理由拒绝。接下来，“律师”出场了，受害者还沉浸在几十万定金的诱惑之中，一个自称“律师”的诈骗分子就会联系受害者，声称大额转账需要一笔小几万的手续费，眼看定金就要到手，心有不甘的受害者往往会将所谓的手续费转给“律师”，此时正到了犯罪分子的收网时刻，“富婆”和“律师”的电话再也打不通……

以案说法

1. 以高薪求子为诱饵，要求先行垫资骗取钱财

张某在微信“摇一摇”时“摇”到了一个漂亮的女人头像，随后二人聊起了天。二人熟络后，张某通过对方的微信朋友圈吃惊地发现，对方竟然在“重金求子”。张某第一次遇到这种情况，便好奇地向对方询问，对方便向张某说明了自己的情况。原来，对方家庭富裕，但丈夫生育功能出了问题，两人的婚姻因为没有孩子而岌岌可危。对方对张某倾诉了心声后，又向张某寻求帮助，称只要成功，即可支付张某五十万元的劳务费，且不再打扰张某的生活。张某信以为真，对方便以各种理由索要钱财，称由张某先行垫付，事成后一并支付给张某。从一开始的体检费，到后来的保证金、公证费等，张某先后垫付了十万余元人民币，最终对方失联，张某才发觉被骗。

2. 群发求子信息，“富婆”和“律师”相配合骗取钱财

汤某生、张某生、汤某平、张某龙等人冒充“富婆”，以丈夫没有生育能力寻找男子与其共同生育小孩，并支付高额报酬为名，使用“群呼器”（一般一套群呼器由一台电脑、两只呼机、语音平台、32 张手机卡组成）不间断地对设定好的全国多地省、市不特定的手机号码进行呼叫拨打。呼响一声形成未接电话自动挂断，被群发器拨打过的受害人回拨该未接电话，会被自动转接至事先绑定好的语音平台并听到事先录制好的“重金求子”诈骗录音。录音中

包含“富婆”的联系方式，如被害人继续拨打录音中所留电话号码，“富婆”先以诚信金或者充话费的名义骗取少量财物，接着又以安全或者合法性理由叫被害人与“律师”联系。之后，“富婆”与“律师”会相互配合，以安全费、体检费、保证金、个人所得税等种种名义不断要求受害人汇款，待受害人将钱汇入指定的银行账号，诈骗人员会安排他人将卡中钱取出或者刷POS机套现。

汤某生等人骗取11名被害人现金合计人民币468950元，汤某青、郑某平、郑某胜、李某模、郑某强通过录制诈骗语音、出售诈骗工具、看护呼机等方式帮助汤某生拨打诈骗电话达106080人次以上。

法院经审理认为，汤某生、汤某平、汤某青、郑某平等人以非法占有为目的，通过电信网络以重金求子的方式骗取他人财物，张某生通过微信、交友网站以交友、做生意等方式骗取他人财物，其行为均构成诈骗罪。

专家建议

重金求子这类精心设计的骗局就是专门针对人的贪欲与善良，抓住个别人想一夜暴富、不劳而获的心理。被骗的通常是单身的中老年男性，他们的文化程度普遍比较低，而骗子通过冒充“富婆”“律师”“工作人员”等，让受害人交纳名目繁多的所谓诚意金、见面礼、机票费、健康检查费、律师公证费等，实施连环诈骗。这些费用，通常由开始的几百元、几千元，到最后的几万元、十几万元，等收获得差不多了，“富婆”就关机了事，痴男悔之已晚——之前，电话里的缠绵悱恻、知书达礼，全是骗人的。提醒广大读者要切实提高防骗意识，捂紧自己的“钱袋子”，不要轻信“天上掉馅饼”，就能避免上当受骗。公安机关重拳出击之后，“重金求子”广告大大减少，但骗子不断更换诈骗手段，越发狡猾，“招上门女婿”等新型诈骗广告又出现在大众视野中，切勿贪小便宜，避免因小失大。

第二节　提供特定服务类电信网络诈骗

现代社会生活的方方面面都离不开手机操作，生活中的诸多事宜及许多业务的开展也简化为手机操作或者通过与客服人员的电话指令代为完成。鉴别这些服务及客服人员的“真伪”，从而不给犯罪分子可乘之机，就成为人们操作之前的首要任务。

提供特定服务类电信网络诈骗，高发的主要有冒充平台客服诈骗、贷款诈骗、办理信用卡诈骗、提供考题诈骗和交通处理违章短信诈骗5种诈骗手法，目前最高发的诈骗手法就是冒充各大平台客服进行诈骗。

10. 如何辨别冒充平台客服诈骗？

话术：“您好，之前您在某某学生贷平台贷款的资金尚未归还利息，即将逾期，逾期不还将会影响个人信用评价，给工作和生活带来不便，请尽快联系客服人员进行处理……”

诈骗分子通过不法渠道获取部分公民个人的贷款或消费信息，然后编造事由给被害人造成恐慌心理，以真实的个人信息，如当事人姓名、身份证号码等骗取当事人的信任，以虚假的事由实施诈骗。

以案说法

1. 以校园贷为借口，冒充京东金融客服骗取钱财

北京市海淀区的张某接到一个冒充京东金融客服的电话，对方称，根据张某学生时期注册的信息，有一部分校园贷未归还，欠账信息需要消除，否则影响征信。对方让张某下载“钉钉会议”和鸿雁视频会议软件，张某就按照对方的指示操作，去拍拍贷、民生银行等贷款软件贷款，最终在民生银行发放了 10 万元贷款之后，张某向对方提供的账号转账 4.9 万元，后发现被骗。

2. 以取消京东金条为诱饵，冒充京东客服骗取钱财

北京市丰台区丁某接到号码为 4006568000 的来自京东商城的 VIP 热线电话，对方自称是京东客服的工作人员，并称京东金条因为政策原因要取消，让丁某下载一个名叫 LINK EVER 的软件，然后加入某会议房间。对方通过语音和共享屏幕称要取消京东金条，需要先清除相关付款链接的额度下调利率，丁某便按照对方要求操作向对方提供的银行账号转账 3 万元，后发现被骗。

3. 发送虚假公积金提取平台网址骗取钱财

上海市崇明区王某在网上搜索提取公积金，后通过网页上的二维码添加一个企业微信，对方给王某发送了提供公积金的网

址，同时还发送了一个二维码，要求王某通过扫描二维码下载一款视频会议软件：Zoom。之后对方通过该视频会议软件告诉王某在提取公积金的网址进行操作，王某将银行账号进行填写，对方称账号输入错误，需要转账3000元进行重新认证，后王某发现被骗。

4. 假冒客服等人员实施境外电信网络诈骗

2015年6月至2016年4月，张某闵等人先后在印度尼西亚共和国和肯尼亚共和国参加对中国居民进行电信网络诈骗的犯罪集团。在实施电信网络诈骗的过程中，各被告人分工合作，其中部分被告人负责利用电信网络技术手段对中国居民的手机和座机电话进行语音群呼，群呼的主要内容为“有快递未签收，经查询还有护照签证即将过期，将被限制出境管制，身份信息可能遭泄露”等。当被害人按照语音内容操作后，电话会自动接通冒充快递公司客服人员的一线话务员。一线话务员以帮助被害人报案为由，在被害人不挂断电话时，将电话转接至冒充公安局办案人员的二线话务员。二线话务员向被害人谎称“因泄露的个人信息被用于犯罪活动，需对被害人资金流向进行调查”，欺骗被害人转账、汇款至指定账户。如果被害人对二线话务员的说法仍有怀疑，二线话务员会将电话转给冒充检察官的三线话务员继续实施诈骗。

截至案发，张某闵等被告人通过上述诈骗手段骗取75名被害人钱款共计人民币2300余万元。

法院经审理认为，张某闵等50人以非法占有为目的，参加诈骗犯罪集团，利用电信网络技术手段，分工合作，冒充国家机关工作人员或其他单位工作人员，诈骗被害人钱财，各被告人的行为均已构成诈骗罪，其中28人系主犯，22人系从犯。法院根据犯罪事实、情节并结合各被告人的认罪态度、悔罪表现，对张某闵等 50 人判处 1 年 9 个月至 15 年不等有期徒刑，并处剥夺政治权利及罚金。

专家建议

随着电信网络诈骗犯罪的蔓延，社会上出现了专门为诈骗团伙拨打诈骗电话的“职业电商客服”，诈骗对象广泛，危害极大，需要警惕。对于收到的平台事项处理信息，最安全和稳妥的方式就是登录官方 APP 处理，切勿轻易点击信息附带的链接。对于自己不太清楚的业务，应先咨询 APP 的官方客服了解清楚后再处理。要做到不随意扫描添加二维码，不随意下载不熟悉的软件，不轻易提供个人信息。

11. 如何辨别贷款诈骗？

话术：“兄弟，缺钱吗，利息低，到账快……”

不法分子通过群发信息，称其可为资金短缺者提供月息低、无须担保等有别于普通银行贷款的优惠条件，一旦事主信以为真，对方即以预付利息、保证金等名义实施诈骗。

以案说法

1. 以办理信用贷款为诱饵骗取手续费

北京市朝阳区的王某因公司受疫情影响，急需资金进行周转。不法分子拨打电话给王某称可以采取无抵押的方式进行信用贷款，下款额度高，速度快，手续简单，利息低，但需单独交纳手续费。王某信以为真，下载了对方提供的天天贷软件进行贷款申请，并向对方提供的银行账户转账1.5万元的手续费。支付手续费后王某发现无法从该软件提款，才意识到被骗。

2. 以办理低息长期限贷款为诱饵骗取钱财

小王接到一个借贷公司的电话称可以低息长期限贷款，急需资金周转的小王心动了，便添加了该借贷公司客服的QQ，并根据客服的要求下载了一个贷款APP，申请了2万元的贷款，但是发现无法提现。客服告知小王银行卡收款账户写错了一位数字，让小王添加他们客服经理解决。客服经理以资金被中国银联会冻结为由，引导小王向其指定银行账户转账解冻，小王按照要求转账后，贷款还是提现不了，客服经理也没有了回复。小王再次找到客服，客服让其添加另一个客服经理解决。客服经理又以没有添加转账备注，转账金额、解冻资金不足等理由让小王转账多次，仍不能提现，小王才意识到被骗。

专家建议

不要轻易相信陌生平台发布的各类贷款广告，零成本或低成本进行借款及偿还逾期贷款都是不法分子精心设计的陷阱。在支付各类费用进行线上交易时，务必与平台核实确认，三思而后行。投资理财类的业务处理，都需经过正规途径办理，切莫相信非官方客服的任何推荐和承诺。同时要谨记：天上不会掉馅饼，没有免费的午餐，轻易地赚便宜通常意味着吃亏和上当。

12. 如何辨别办理信用卡诈骗？

话术：“授信额度高，无须审核，立即办理……”

不法分子通过各种渠道散布广告，称可以办理高额透支信用卡，一旦有人相信，便会以各种理由要求受害人交纳各种费用。有不法分子通过发送虚假的办理信用卡链接或者索要验证码等信息，盗刷被害人的银行卡，给被害人造成经济损失。目前办理信用卡诈骗主要有：

（1）虚假贷款。骗子一般通过网络媒体、电话、短信、社交工具等方式发布办理贷款的广告信息，后冒充银行、贷款公司工作人员联系被害人，获取被害人信息，以收取手续费，缴纳年息、保证金、税款、代办费为由，或者以检验还款能力、刷流水、调整利率、降息、提高信誉等方式，诱骗被害人转账汇款。还有的骗子通过上述方式，骗取被害人的银行账户和密码等信息直接转账、消费的方式，实施诈骗。

（2）虚假代办信用卡。骗子一般通过网络媒体、电话、短信、社交工具等方式发布代办信用卡的广告信息，后冒充银行、金融公司工作人员联系被害人，谎称可以代办信用卡（激活花呗、京东白条等），以需要工本费、保证金、手续费、服务费、刷流水等为由，诱骗被害人转账汇款，从而实施诈骗。

（3）虚假提额套现。骗子冒充银行、贷款公司、网贷平台（借呗、京东金条、360 借条等）、互联网金融平台工作人员，谎称能用信用卡通过信贷 APP 账户提额套现，以需要保证金、手续费、服务费、刷流水等为由，诱骗被害人转账汇款，从而实施诈骗。

以案说法

1. 以办理高额度信用卡为诱饵骗取保证金

北京市朝阳区的张某接到一个自称招商银行理财客服的电话，对方称银行现在推出一项优惠政策，因张某信用良好，可以免除复杂的审核流程，为张某办理高额度信用卡，同时赠送厨具四件套等礼品，且无须亲自到网点，根据手机提示就可以开通。张某觉得十分划算，表示同意办理。后张某根据对方提示，提供了自己的身份信息，对方称新办理的信用卡需要绑定一张个人储蓄卡，且卡中需要存入一部分金额作为保证金，随后向张某索要验证码进行验证。张某按照所有要求进行操作，经过一段时间后发现，信用卡并未办成，但绑定的银行卡却被他人转走 1 万元。

2. 以“养卡”提升信用卡额度为诱饵骗取钱财

李某接到自称某信用卡中心工作人员周某的电话，称可以办理信用卡，还可以为李某“养卡”提升额度。在为李某办理银行信用卡的过程中，周某在操作李某手机申请信用卡时，将李某微信绑定银行卡里的 5000 元转到周某的微信零钱中。同时，周某还称可以为李某提升信用卡额度，拿走李某信用卡获取其密码后，通过刷 POS 机套现 3 万余元，经多次催要，周某仍未归还钱款。经核实，周某早就从信用卡中心离职，但仍对外宣称自己可以办理信用卡业务，并通过电话等渠道推广业务。

3. 以代办信用卡为诱饵骗取钱财

2015年初，朱某权先后召集被告人郑某鹏、邱某康等人，在互联网上发布虚假信息，并购买多张银行卡用于诈骗收款。上述人员冒充“中泰盛世投资担保有限公司”等单位的工作人员电话联系被害人，骗取被害人代办信用卡的“材料费”“服务费”“手续费”等费用，郑某鹏、邱某康等人再冒充担保公司或者银行工作人员，以检验被害人还款能力的名义进行验资，要求被害人往自己的银行卡内存入一定数额的人民币并开通网银。当被害人把验资的钱存入自己的银行账户并开通网银后，郑某鹏、邱某康等人给被害人手机发送一个“钓鱼”网站，被害人在“钓鱼”网站输入自己的银行卡号和密码后，郑某鹏、邱某康等人则在该网站后台获取被害人的银行卡号和密码，然后通过网银对被害人银行卡内的存款进行转账。

通过上述方式，朱某权等12人骗取李某霞等70名被害人共计人民币616344元。

法院经审理认为，朱某权、郑某鹏、邱某康等12人以非法占有为目的，采取虚构事实、隐瞒真相的方法，利用互联网骗取他人钱财，数额特别巨大，其行为均已构成诈骗罪。根据被告人在共同犯罪中的地位和作用，以及各自具有的量刑情节，以诈骗罪对朱某权、郑某鹏、邱某康等12人分别判处有期徒刑6个月至12年9个月不等刑期，并处人民币2000元至10万元不等罚金。

专家建议

投资理财类的业务推广信息，一定要到官方APP进行核实，切忌轻易提供和输入个人信息给非官方平台APP。需要提前交纳保证金的业务，一般都是虚假的。

务必通过正规渠道办理信用卡，不要轻信声称能代办信用卡的网站、亲戚、熟人等，警惕声称可以办理任意额度信用卡的人，可以拨打银行客服热线向银行核实是否在这些地点设置摊点推销信用卡业务。

不管通过哪种渠道提交了个人资信和身份证明资料申办信用卡，一定要注意定期查询办卡进度。即便在正规银行办理信用卡提交个人信息资料时，也一定要对各种复印件进行签注，声明各种资料的当次用途，他用、复印无效，签注日期和本人姓名，防止被不法之徒冒用。

13. 如何辨别提供考题诈骗?

话术：“2022年小升初考题，只要100元，麻麻再也不用担心我上不了重点中学啦!”

不法分子针对即将参加考试的考生拨打电话，称能提供考题或者答案，不少考生急于求成，事先将好处费的首付款转入指定账户，后发现被骗。

以案说法

1. 虚假出售高考试题卷答案，骗取考生及家长钱财

2021年5月，安徽警方接到群众报警，称有人在网上以“出售高考试卷答案”为名，骗取多名家长及考生钱财。警方经分析

研判，迅速锁定江西籍黄某。2021 年 3 月，黄某通过 QQ 进入多个聊天群，谎称自己有渠道可以买到高考答案，以每科 1.5 万元的价格将所谓的“高考试卷答案”出售给家长及考生，诈骗安徽、山东、湖南等五省 10 余人，骗取钱财 10 余万元。

2. 组建“战队”提供考题答案骗取钱财

2013 年和 2015 年，张某武和李某分别在广州市花都区成立广州易学教育信息咨询服务有限公司（以下简称易学公司）和广州医考易教育信息咨询服务有限公司（以下简称医考易公司），由同案人“小敏”负责财务、提供考生个人信息，同案人毕某芬负责后台发送资料，通过直接招聘或与广州恩倍斯商务服务有限公司合作招聘等方式成立致富队、雪豹队、麒麟队、启程队、长乐队、饿狼队、亮剑队、风云队、凤凰队、蚂蚁队、刀锋队等战队组成犯罪集团并分别进行网络诈骗。

张某武等人负责对各战队队长、管理人员进行培训，并提供考生个人信息、统一的诈骗话术、保过协议书、上述易学公司工商注册资料、考生成绩截图等资料给各战队使用。各战队由队长、管理人员制定工作制度和统一作息时间对业务员进行管理并汇总业绩情况，提供办公室、宿舍，并购置手机、电脑、QQ 号码、论坛账户等供业务员使用，通过开会、加入 QQ 群互相学习、老业务员传授、学习话术等方式进行培训。

各战队业务员则假冒已通过考试的考生在网上发帖引诱，或者利用战队下发的考生个人信息拨打电话，添加 QQ、微信号联系被害人，向被害人介绍易学公司或医考易公司可以提供 80%～95%比例的考试真题答案，并利用协议书、成绩截图等取得被害人信任，以每科目500元至5000元不等的价格，骗取被害人转账汇款购买中级会计师、注册会计师、职业医师、职业药师、一级建造师、公务员考试等各种职业考试的虚假真题和答案。

所骗赃款通过银行转账、支付宝、微信转账等方式统一汇入张某武和李某名下相关私人银行账户以及上述易学公司名下的两个对公账户（已冻结上述银行账户内的1121995.89元）。

法院经审理认为，张某武无视国家法律，以非法占有为目的，伙同同案人诈骗他人财物，数额特别巨大，其行为已构成诈骗罪，判处有期徒刑12年，并处罚金20万元。

专家建议

一分付出，一分收获。家长应该以身作则，教育孩子踏踏实实学习，考试没有捷径可走。不要心存侥幸，任何作弊行为都需要承担责任和付出代价，人生亦如是。

14. 如何辨别交通处理违章短信诈骗？

话术：“您在××路口违章停车，请尽快点击链接缴纳罚款，逾期将收取滞纳金……”

不法分子利用伪基站发送假冒违章提醒短信，受害人一旦点击短信中的链接，即被植入木马病毒，轻则群发短信造成话费损失，重则会被窃取银行卡、电子账户等个人信息，造成重大损失。

以案说法

1. 发送虚假交通违章罚款链接骗取钱财

北京市海淀区李某收到落款为北京交通管理局的短信，短信显示李某在海淀区中关村大街违规并道，按规定需扣 3 分，同时处以罚款 200 元。李某随即点击短信附带链接缴纳罚款。经核实，该短信链接为虚假链接，所幸李某只损失 200 元，未造成其他重大损失。

2. 发送虚假处理交通违章网址骗取钱财

近日，市民徐先生收到这样一条信息，内容为："某某车牌车主，您的小汽车压实线行驶（扣 2 分罚 50 元），图像查看请登录 wdicnxxx. cc 网址。"没有多想，徐先生就点击链接进入网页，并详细填写了个人信息，包括姓名、身份证号码和手机号码等内容。不久后，徐先生便收到了一条付款验证码信息，当时他并未觉得不妥，就将查询验证码输入到该网页中。徐先生以为能查询自己的违章信息，随即而来的却是多条银行扣款短信，共损失数千元。

专家建议

正规的交通违法提醒短信，会详细地说明车牌号、违法日期、时间和地点，以及违法情况，而诈骗短信则显得粗制滥造。

在无法识别真伪的情况下，千万不要点击短信中的网址链接，更不能随意输入自己的个人信息，可到"交管 12123" APP 查询核对。

交通管理部门不会以个人手机号的形式发送交通违法告知短信，更不会附带任何网址链接。

第三节　虚构险情类电信网络诈骗

不法分子深谙人性和人们的喜怒哀乐，往往贴合人的情感和生活虚构出种种事由制造他人恐慌紧张心理，通过拿捏人的心急如焚的情绪，让他人在慌乱之中丧失理智而处分财产，造成经济损失。

15. 如何辨别虚构车祸诈骗？

话术：“您好，您的父亲在××路出了意外，需要钱处理交通事故，请马上转账到622×××××××××××××账户。”

不法分子虚构受害人亲属或者朋友遭遇车祸，以需要紧急处理交通事故为由，要求对方立即转账。当事人因情况紧急便按照不法分子指示将钱款打入指定账户，这种诈骗方式往往针对老年人量身定制。

以案说法

使用电脑合成声音冒充外孙，虚构车祸骗取钱财

2022 年初，一位老先生在老伴的陪同下到洛阳建行英才路支行汇款，大堂经理询问汇款需求，老先生说是给儿子汇款买房子。到柜台后，柜员问到汇款用途时，老先生的老伴又说是给外孙的朋友汇款，含糊其词，且不认识对方。

柜员立即提高警惕，呼叫大堂经理，大堂经理再三询问汇款的真实用途，老先生才简单说接到外孙的电话，说与朋友在郑州一起吃饭，有人酒后开车出事了，他们都是一起的，要一起承担责任，必须抓紧时间汇款 5 万元给郑州公安局的一个人。外孙刚到银行参加工作，老两口非常担心该事情影响外孙的工作，所以着急来汇款。银行工作人员判断该事件是电信网络诈骗，一边劝阻，一边及时拨打 110 反诈中心的电话。

老先生手中拿着一张纸条，密密麻麻记录着汇款人信息、接听的电话、一串串数字，银行工作人员询问来电号码，老先生指着纸条上的信息，银行工作人员一看是 0037492012027，告知是诈骗电话。银行工作人员询问老先生子女的电话，老先生解释说外孙打电话联系他就是不想让父母知道，老先生不愿提供电话。银行工作人员又向老两口要外孙的手机号码，两人均不愿配合提供，称为了外孙安全宁愿被骗。

反诈中心警务人员到场了解情况后，再三进行解释、劝阻，整个事件就是诈骗分子的圈套，老先生与老伴接到的外孙电话是电脑合成的声音，来电号码显示是国际电话，均是诈骗电话，千万不要汇款。在反诈中心警务人员及银行人员长达半个小时的劝阻下，老先生表示意识到了诈骗圈套，不会再汇款上当了。

专家建议

现代社会的高速发展，使得诈骗手法也逐步更新。老年人往往与现代社会发展有些脱节，对一些诈骗手法不了解，很难事事皆有防范之心。因此，一定要叮嘱家中老人，对于需要大额转账类的操作，切勿私自转账，一定要与家中成年子女沟通确认后再行操作。

在一些案件中，不法分子冒充医院工作人员声称被害人亲属遭遇车祸，情况紧急，需先行交纳费用后才可做手术，要求被害人转账汇款。然而，通常情况下，正规医院不会直接通过医生催交费用，而是由本人或者家属到医院收款台交纳。遇到上述情况，可以不予理会。如实在不放心，可以先问清楚医院及科室名称，再自行搜索、查询医院服务站电话号码予以核实，切不可相信电话中所说，直接转账。

16. 如何辨别虚构绑架诈骗？

话术：“您儿子现在在我手上，赶紧打 10 万元到账上，要敢报警就等着收尸吧。”

不法分子虚构事主亲友被绑架，称如要解救人质需立即打款到指定账户并不能报警，否则撕票。当事人往往因情况紧急，不知所措，便按照不法分子指示将钱款打入账户。

以案说法

使用显号软件假冒亲友被绑架，骗取钱财

2021 年 5 月，吴某、雷某向周某提议利用显号软件打电话索要他人财物，后雷某又邀阿传加入。四人约定由吴某负责购买“显号软件”、他人信息资料和打电话，雷某负责购买小灵通、手机卡及银行卡，周某负责打电话，阿传负责购买银行卡和取钱。此外，四人约定得手后，赃款由周某分占 15%，阿传分占 5%，其余由吴某、雷某平分。

5 月 18 日，周某冒充移动公司的工作人员拨打被害人王某电话时，谎称移动公司有赠送话费活动，套取了王某儿子的电话号码。5 月 20 日，吴某拨打王某儿子的电话以警察办案为由骗王某的儿子关闭手机，然后由周某用“显号软件”拨打王某的电话，称王某的儿子已被绑架，要求被害人王某汇 5 万元到指定的银行卡内，否则便不放走其儿子。王某信以为真，被迫先后将人民币 4.75 万元汇到指定的银行卡内。当日，雷某、吴某将赃款全部取走。

同年 6 月 21 日，吴某用上述手段套取了另一被害人儿子的电话号码，以同样的方法要求对方汇 10 万元到指定的银行卡内，最后成功勒索到 2 万元。

最终，法院以敲诈勒索罪和诈骗罪判处吴某等四人有期徒刑 2 年 6 个月至 5 年不等的刑罚。

专家建议

遇到此类危险信息，家长要第一时间给孩子或者孩子的老师打电话进行确认，不法分子利用的就是家属着急下的方寸大乱。同时，要保存证据并报警，真正的绑架案件通常也都需要警察的介入人质才能得以获救，切莫相信绑匪的话。

17. 如何辨别虚构生病诈骗？

话术：“你好，我是×××的同学，×××肚子疼，医生说是阑尾炎，需要紧急手术，手术需要先交 2 万元押金，押金转到 622×××××××××××××的账号……”

不法分子谎称受害人子女或者父母突发疾病需紧急手术，要求事主转账方可治疗，受害人往往因为担心、心急便按照不法分子指示转账。不法分子甚至通过非法渠道获得当事人的一些准确个人信息，利用这些个人信息，让受害人在着急慌乱时对被骗事宜深信不疑。

以案说法

利用真实信息骗取信任，虚构生病事由骗取钱财

2021 年 11 月的一天早上，张阿姨被一通电话吓得慌了神儿。电话里，自称某大学辅导员的人告知她，她的儿子小凯在教室晕倒，已经送往医院，现在急需进行胃部手术，要求她汇款 2 万元，否则“没有押金，医院就不给做手术”。大学的辅导员？手术？爱子心切的张阿姨顾不上多想就打车来到最近的银行进行汇款。才转好账，又一个电话打进来。电话里，自称医生的男子告诉张阿姨，她的儿子快要死了，胃已经切除了一半，需要马上输血，要求再次汇款 2 万元。虽然再次汇款时，银行的工作人员提醒张阿姨打电话确认情况，但是一心只牵挂孩子的张阿姨执意再次汇款。半个小时之内，4 万元的卡内存款被汇入了诈骗团伙的账户内。张阿姨事后回忆，该“辅导员”说出了孩子的名字、学校、年级和班级都没有任何差错。

专家建议

大额转账之前，一定要打电话告知家里的成年亲属，并将转账事由说清楚。骗子制造紧张气氛令接电话的受害人慌乱而失去理智，但旁观者往往能理智地核实情况并予以分析。一定不要急于转账，而是亲自向受伤亲属、熟悉的人或者医院官方电话核实，切不可听信电话里的一面之词。

18. 如何辨别虚构危难困局诈骗？

话术：“两岁孩子确诊为白血病，为了给孩子治病已经负债累累，请大家伸出援手……”

不法分子通过社交媒体发布病重、生活困难等虚假信息，博取广大网民同情，借此接受捐赠。

以案说法

利用疫情开设慈善公众号，骗取爱心捐款

蔡某通过新闻媒体获悉湖北武汉等地发生新型冠状病毒感染疫情，遂产生利用疫情骗取群众爱心捐款的意图。2020 年 1 月 27 日，蔡某使用其个人身份信息，通过互联网注册了名为“武汉市慈善会”的微信公众号，并使用其下载、修改的武汉市慈善总会会徽对微信公众号进行修饰、伪装。“武汉市慈善会”公众号开通后，陆续有多名群众通过网络搜索到该公众号并进行关注，部分群众通过该公众号的对话功能咨询捐款事宜。蔡某在微信对话中欺骗咨询群众说公众号的捐款功能还在完善中，暂时无法直接捐款，并误导群众通过扫描其本人提供的微信支付“二维码”进行捐款。1月27日16时至22时，共有112名群众通过该方式向蔡某个人微信支付账户累计转入人民币8800余元，其中最大一笔为人民币3000元。蔡某在取得诈骗钱款后，大部分提现至其本人银行账户，后又转入其本人的支付宝账户中，所得钱款被蔡某用于购买笔记本电脑等消费。

经法院审理，蔡某以非法占有为目的，冒充慈善机构通过互联网骗取数额较大的公私财物，其行为符合《刑法》第266条诈骗罪规定，构成诈骗罪，判处有期徒刑8个月。

专家建议

我国《慈善法》规定，只有取得公开募捐资格的慈善组织才能开展公开募捐活动，在捐款前可以通过全国慈善信息公开平台、中国社会组织动态政务微信或其他相关民政部门官方网站查询核实情况。此外，捐款时要注意核实对方账户是否为以慈善机构名义开设的银行账户，严防不法分子以个人收款码替换慈善机构收款码以达到目的。

奉献爱心是好事，找准渠道是关键。捐款要通过正规渠道进行，通常情况下可以联系当地社区或慈善机构进行捐款，未经官方核实和发布的募捐，谨慎捐款。

19. 如何辨别虚构包裹藏毒诈骗？

话术：“中国海关查到你的包裹藏有毒品，请转账到××账户并配合调查……”“你不要跟任何人说起这件事情，这是办案需要……”“你涉嫌刑事犯罪，请汇款到指定账户……”

不法分子以事主包裹内被查到毒品为由，称其涉嫌洗钱犯罪，要求事主将钱款转到国家安全账户以便公证调查，从而实施诈骗。不法分子抓住现在人们喜欢网购、包裹往来频繁的特点，打电话或发短信给受害人，利用普通老百姓一听到涉嫌犯罪就会降低防线的心理，以“卷入毒品交易”“银行卡非常危险”等骇人听闻的字眼令受害人方寸大乱，丧失基本判断力，击溃最后一道防线。同时，不法分子还特别强调此事关乎事主清白，要求事主不能向周围的人讲起。

以案说法

以包裹藏毒为由要求转账，骗取钱财

王女士报警称，自己收到一个自称邮局的短信，称其有一个包裹未派送，并要求其回电话联系查询。受害人按照短信息上所留电话致电查询，对方称受害人确有一个涉嫌违禁品的包裹（内有一张200万元的银行卡和一包白色粉末），可能是因身份信息泄露所致，并给受害人一个报警电话让其报警。受害人打电话过去，对方称其身份信息泄露，需将银行账户的钱转账到指定账户进行升级。受害人在银行按照对方要求将 1.6 万元转到指定账户，后发现被骗。

专家建议

收到类似“包裹藏毒”的电话或信息要提高警惕，可直接与邮局联系（官方电话：11185），或查询邮局官方网站（http：//www.chinapost.com），切勿相信不法分子的说法，更不要转账汇款。公安局不会随便让市民转账，如果真的涉嫌犯罪需要调查，也不会在电话中问询。

20. 如何辨别合成照片诈骗？

话术：“这是你在外面和别人开房的照片，不想你老婆知道，最好尽快打钱过来！”

不法分子通过各种途径收集受害人照片使用电脑合成淫秽图片，并附上收款账户邮寄给受害人，勒索钱财。

一些精通电脑技术的人员通过网站下载各地政府机关、企事业单位领导干部的照片，专门合成淫秽照片，另外一些人将勒索信件通过邮局寄出，然后通过手机、ATM 机、电话等方式进行查询，随时了解诈骗款的进账情况，一旦被害人将钱汇到银行卡上，他们会立即转账或者安排人到附近市、县提现。

以案说法

利用合成的色情照片设骗局骗取钱财

某公司的董事长周某突然收到一封匿名信件，打开信封后，看到的是自己和一名陌生女子的裸照，还有一封恐吓信。对方自称是某私家侦探社的一名调查员，受客户委托对周某进行跟踪调查，并威胁周某向指定的银行账户汇款 40 万元，否则就将裸照交给客户。周某虽然觉得事有蹊跷（因为自己连这名女子的面都没有见过），但是考虑到这封信可能会对自己的事业和家庭带来负面影响，最终还是选择破财免灾，给对方汇了 40 万元，事后又觉得对方可能是骗子，这才向警方报案。

专家建议

很多人遇到这种情况，大多会抱着“多一事不如少一事”的想法，因为害怕毁了自己的家庭和名誉，而选择向骗子妥协。实际上，第一次汇款后，骗子就会觉得你是个软柿子，必定还会再次勒索你，直到榨干你所有的钱为止。遇到这种骗局，一定要沉着冷静，保存好相关证据，第一时间报警。

日常生活中，在社交网站或者软件上，尽量不对外披露太多的个人信息，坚持“四不晒”的原则：（1）不晒自己、家人的照片；（2）不晒位置信息；（3）不晒行程票据；（4）不晒车牌号、门牌号。

21. 如何辨别冒充特定对象诈骗？

话术：“我怀孕了，给我转点钱吧，我去医院……”

不法分子群发短信，并谎称自己和对方有特定关系，以怀孕等事由骗取钱财，利用巧合性以及“家丑不外扬”的心态，诱惑受害人转账。

以案说法

发送虚假怀孕信息，利用巧合骗取钱财

某公司的董事长王某突然收到一条短信息，对方自称两个月前和王某“一夜情”后发现自己怀孕了，询问王某是否想要她生下这个孩子，如果不想要，需要王某向指定的银行账户汇款20万元作为补偿，否则，就上门去找王某承担责任。王某日常生活确实不够检点，经常与业务上往来的女性发生暧昧关系，两个月前借出差之机与两名女子短暂交往过，因为是“一夜情”关系，王某已经将对方的联系方式从手机通讯录里删除。考虑到这名女子确实可能怀了自己的孩子，闹起来可能会对自己的事业和家庭带来负面影响，王某最终还是选择给对方汇了20万元。

专家建议

遇到这种情况，有的人因为巧合而心虚，或者因为记忆不清无法辨别真伪，害怕毁了自己的家庭和名誉，而选择向骗子妥协。

首先，在生活中应该提高自身道德修养，洁身自好；其次，遇到这种骗局，一定要沉着冷静，保存好相关证据，第一时间报警。

第四节 虚假购物消费类电信网络诈骗

如今，我们的生活已经离不开网络购物了，正因为如此，骗子也开始利用网购进行诈骗。常见的网购诈骗通常有如下几种方式：假冒代购诈骗、退款诈骗、低价购物诈骗、解除分期付款诈骗、收藏诈骗、快递签收诈骗等。

22. 如何辨别假冒代购诈骗？

话术：“亲，正品海外代购，假一赔十，我家肯定是全网最低价。”

不法分子在朋友圈假冒正规微商，以优惠、打折、海外代购等为诱饵，待买家付款后，又以商品被海关扣下，要加缴“关税”等为由要求加付款项，一旦获取购物款则失去联系。

以案说法

1. 贴吧代购“冰墩墩”，收钱后失联骗取钱财

2022 年 2 月 4 日，北京冬奥会开幕式当天，吉祥物“冰墩墩”成了绝对的顶流商品。线上，天猫奥林匹克旗舰店中，冰墩墩相关的产品均已售罄。线下，北京多个冬奥会旗舰店客流激增。北京王府井工美大厦一层的官方特许商品旗舰店，早上五点半就已经开始排队。与此同时，各大社交平台也衍生出不少代购和黄牛。“接代购”“出冰墩墩，溢价50元”等代购信息广告层出不穷。同年2月6日，一名被害人张某在百度贴吧“冰墩墩吧”看到有人打出关于代购冰墩墩的信息，于是与发布者联系。两人加为QQ好友，谈好价格，张某爽快给对方转账委托代购，并对此深信不疑。等了几天后，张某迟迟得不到对方的回应，才知道自己被骗。

2. 以真品骗取信任，骗取后续代购定金

2022年1月，一名女子卢某到派出所报警称自己被诈骗240余万元。原来，在2021年8月，卢某在二手平台购买一个全新海外代购的包，经专柜鉴定为正品，由于价格比较优惠，卢女士认为这是条“财路”，便与卖家交流做代理，在收到海淘的名牌包后，再在平台上自己售卖赚取差价。卖家要求卢女士先交定金订货，然后请国外买手购买后拼邮回国，清关时卢女士再付清尾款，预购的包包就会通过快递给她。卢女士尝试了几单，收到的名牌包包均是正品且成功出手，更加信任对方，后不断加大订单量，累计向对方支付定金货款240余万元，但对方以“国庆清关慢”“疫情反复”“排队消毒”和“澳门封关”等理由一直推脱，迟迟不发货。卢某苦等无果后报警，经过公安机关侦查，将犯罪嫌疑人苏某抓获。

经调查，苏某因餐饮店亏损无力偿还借款，萌生出诈骗的想

法。苏某通过找国内代购买货或实体店买货，低价转于受害人，让受害人相信其进货渠道和实力，以骗取受害人的绝对信任。苏某通过受害人大量订单来骗取巨大数额货款用于高消费，所谓的海外人员代购、清关等信息均系其编造。

专家建议

要提高安全防范意识，选择正规的网络购物平台购物。同时，要逐一保存购买商品的聊天记录、转账记录等相关证据，一旦发现交易异常，就要及时运用法律武器维护自身的合法权益。

23. 如何辨别退款诈骗？

话术：“您在本网站购买的长款连衣裙缺货，请留下卡号等信息，为您退款。”

不法分子冒充淘宝等公司客服拨打电话或者发送短信，谎称受害人拍下的货品缺货，需要退款，要求购买者下载第三方平台软件，或是提供银行卡号、密码等信息，或以“缴纳定金”“交易税手续费”等方式骗取钱财。

诈骗套路详解：

（1）不法分子使用陌生手机号码、固定电话、聊天软件联系被害人。

（2）不法分子要求受害人离开原交易平台或商家操作，与被害人互加 QQ、微信、支付宝等社交软件，发送钓鱼网站链接、二维码等进行退、赔款。

（3）不法分子要求被害人提供个人身份证号码、身份证照片、银行卡卡号、银行卡密码、银行短信验证码等重要信息。

（4）不法分子要求被害人使用网络 APP 借贷软件贷款到被害人支付宝余额后再提现至自己银行卡后进行退、赔款。

（5）不法分子要求被害人在短时间内按照指导操作，等被害人操作完成后才会反应过来被骗。

以案说法

1. 以购物退赔为诱饵，指导退款操作骗取钱财

2021 年 6 月，秦某在得物 APP 上花 199 元买了一条裤子。同年 9 月接到自称得物售后人员的电话，说有其他用户反馈穿了裤子过敏，要回收物品，并两倍赔偿秦某损失金额。出于对平台的信任，加上对方一字不落地说出了秦某的姓名、电话、购物订单等信息，秦某没有怀疑，在比较懵的状态下按照对方所说进行了多步操作。首先，“售后人员”加了秦某支付宝好友，并让他下载了某视频会议软件共享手机屏幕。

在一个多小时的远程指导过程中，对方告知他要去支付宝开通备用金功能，以接收退款。秦某照做后，对方又称他操作错误，每周会自动从他支付宝绑定的银行卡扣除 500 元。因为备用金最长借 7 天，按一年 50 周计算，会自动扣除约 2.5 万元，不还就影响征信。如何关闭这个备用金？对方又引导秦某到微粒贷借款，一次性“还清备用金的欠款”，然后关闭。秦某将在微粒贷申请到的 9000 多元贷款资金通过银行 APP 汇入了对方银行账户，对方谎称这个账户是备用金平台的账户。

秦某回忆，在整个过程中，对方不让他挂断手机，且一直催促快速操作，以致他前半段没有反应过来。再回拨过去时，显示是空号，秦某才发觉上当受骗。

2. 以丢失购物包裹私下高额赔偿为诱饵骗取钱财

郑女士接到一个自称某购物平台客服人员的电话，称因快递工作失误弄丢了郑女士之前购买货物的包裹，现在要对郑女士进行赔偿，需要郑女士予以配合。郑女士向对方了解具体情况，对方能准确说出自己的购买时间、收货地址等信息，郑女士便放下戒心，提出通过平台来解决此事。对方却说自己工作不容易，通过平台处理，自己将要面临高额的罚款，如果郑女士不去平台处理，愿意拿出大部分罚款给郑女士作为额外赔偿金。有了心软的借口，郑女士同意私下处理。

随后该工作人员加了郑女士的微信，并将一张二维码发给了郑女士，让郑女士扫码登录一个网址，表示这样是为了避免公司查账，要郑女士在该网址内将自己的全部银行卡绑定，提供收到的验证码，随后赔偿金将分批次汇入不同银行卡内。虽然操作比较复杂，但心想着高额赔偿金，郑女士便耐心按照对方提示进行操作。不久后，郑女士收到的却是自己银行卡内金额被全部转走的信息提示。

专家建议

凡是接到“客服”来电，提出因售后问题而多倍退款的，或者商品质量出问题可以赔偿的，务必登录相关购物平台核实，千万不要被利诱蒙蔽双眼，落入因爱小财而损失大额金钱的陷阱。

正规客服不会让客户通过第三方平台进行沟通和交易。谎称平台出现系统异常、操作错误，让客服下载第三方 APP 进行操作的，都是诈骗。即便真遇上退赔，也是原路返回，在任何情况下都不要给任何人提供短信验证码、账号、密码等信息，切勿扫描、点击来历不明的二维码或链接。

24. 如何辨别低价网络购物诈骗？

话术：“海外代购二手电脑，九成新，三折低价，手慢无……”

不法分子通过互联网、手机短信发布二手车、二手电脑、海关没收的物品等转让信息，一旦事主与其联系便通过各种方式骗取钱财。此种诈骗主要有以下几种方式：

（1）以低廉价格为由诱骗受害人，然后以“货到付款”“送货上门”为由收取定金，使受害人陷入骗子的连环诈骗陷阱。

（2）物不符实，以假乱真。骗子用假冒的货物来欺骗受害者，骗取受害者钱财。

（3）受害人汇款转账，但未收到货物。骗子假装能够为受害人提供货物并主动展示物品，待受害人支付钱财后消失不见。

（4）钓鱼网站，诱人上当。骗子提供付款链接，实为虚假页面，是植入了木马病毒的钓鱼网站，账户钱款自动转入不法分子账户。

以案说法

1. 以免费领取猫狗为诱饵，诈骗包装快递费

李小姐是一个爱猫人士，独自居住的她想领养一只属于自己的猫，于是通过百度搜索免费领养猫的网站，随即她通过添加网站上的 QQ 号与猫的主人取得了联系。猫的主人表示，领养猫是免费的，但由于猫在外地且需要特殊包装，因此需要李小姐通过微信扫码支付 200 元快递费和 600 元包装费。

支付完费用后李小姐满心欢喜地等待着猫咪，而对方联系她说因为李小姐没有在规定时间内及时付款，现在需要支付双倍数额，成功支付后就会立即退还，李小姐又扫码支付了 1600 元。没过多久，当李小姐以为对方要退还多余费用的时候，骗子告知她再支付双倍数额外加 2 元手续费才能返还钱，李小姐又支付了 4000 余元。而对方继续以工商局相关规定为由，要求李小姐使用支付宝转账双倍数额的钱款才能提猫，李小姐才意识到自己可能被骗。

2. 以低价售票为诱饵，微博售票骗取钱财

王小姐是一个爱看话剧的学生，她想观看话剧《白夜行》，但是通过正规渠道已经无法购买到低价门票，只有最高票额的门票。于是她便想通过微博寻找其他购买渠道，之后她在微博上找到了“大麦票务——燕燕”，对方表示可向她出售折扣门票，每张 480 元，邮费 20 元。王小姐信以为真，遂通过对方提供的二维码向其转账 500 元。

支付完费用后，对方再次联系王小姐称她留言的格式不对，

需要重新付款，王小姐没有迟疑，又转账500元，而对方回复她的备注留言格式还是不对，需要重新转账一次，焦急的王小姐再次转账500。对方仍再次要求王小姐转账，这时王小姐才感觉自己可能被骗。

专家建议

要坚信“天下没有免费的午餐”，不轻易相信那些所谓的“免费”物品以及“超低价”商品，网络购物要选择正规平台并且不接受卖方走第三方交易，如微信转账等。

领养宠物最好选择当面交易，如需异地托运，选择正规物流公司，支付费用时不要脱离第三方交易平台。一旦对方要求重复付款就要提高警惕，不要盲目转账。

25. 如何辨别解除分期付款诈骗？

话术：“抱歉，银行系统发生故障，我行将一次性付款改为分期付款，请按语音提示操作。”

不法分子通过专门渠道购买购物网站的买家信息，再冒充购物网站工作人员，声称“由于银行系统错误原因，买家一次性付款变成了分期付款，每个月都得支付相同费用”，之后再冒充银行工作人员诱骗被害人到ATM机前办理解除分期付款手续，实则实施资金转账。

以案说法

以解除分期付款为由，诱导转账骗取钱财

不法分子高某在互联网上向我国台湾地区黑客购买“××”购物网的客户资料，然后组织人员冒充网站工作人员致电客户，谎称客户网购时被卖家错误设定为分期付款模式，需多付钱款，若要解除需与银行部门联系。然后，高某再找人冒充银行工作人员诱骗客户持银行卡到 ATM 机前办理解除分期付款手续，向诈骗账户转账。

为了让骗术更加真实可信，高某的诈骗团伙中有男有女，冒充网站工作人员的多为女性，冒充银行工作人员的多为男性。而且，打电话实施诈骗的时间被定为 17 时至 22 时，因为这个时间段银行下班，只有 ATM 机可以转账。高某等人谎称他们提供的银行卡账号是网购产品的编号，让买家输入，并把转账的金额说是密码，买家按照操作，其实就是在实施资金转账。

专家建议

（1）保护好个人身份证和银行卡信息，保管好不用的复印件、睡眠卡、交易流水信息。

（2）网上银行操作时，最好手动输入银行官方网址，防止登录钓鱼网站。

（3）开通账户通知信息，一旦发现账户资金有异常变动，立刻冻结账号或者挂失。

（4）密码要设置得相对复杂、独立，避免过于简单，避免与其他密码相同，定期更换。

（5）不随意连接不明公共Wi-Fi进行网上银行、支付宝账户操作。

（6）不要听信任何人在电话或者网络上指导的任何操作。

26. 如何辨别收藏诈骗？

话术：“齐白石未面世作品，私人收藏，举世无双……”“一年能升值2到3倍，一年后由公司回购送到北京等一线城市拍卖，绝不会亏本……”

不法分子冒充各类收藏协会，印制邀请函邮寄各地，称将举办拍卖会并留下联络方式。一旦事主与其联系，则以预先交纳评估费、保证金、场地费等名义，要求受害人将钱转入指定账户。

以案说法

1. 以高价回收藏品为诱饵骗取钱财

李某龙、赵某璞、王某、李某红招聘李某海、李某燕、刘某艳、李某丽等9人为“话务员”，并在网上购买被害人的个人信息后，由“话务员”以“中国金币总公司”或者“北京华辰拍卖有限公司”员工的名义向全国各地的被害人拨打电话推销所谓的“藏品”，或高价回收被害人自己收藏的藏品，谎称只要被害人购买该公司“藏品”或“回收合同”，就承诺该公司或者是外商随后会以高价收购被害人购买的“藏品”或其手中的藏品。

被害人同意购买“藏品”或“回收合同”后，所在团伙通过顺丰速运货到付款的方式将“藏品”或“回收合同”寄给被害人，由被害人支付购买“藏品”的费用或“回收合同”的保证金。如遇被害人称自己经济能力有限，无法全额购买“藏品”时，“话务员”便称自己可以与被害人合伙购买该“藏品”，待公司高价回收“藏品”后，双方平分利益。当被害人收到“藏品”后，其他冒充公司有关部门人员与被害人联系，告知被害人该公司已发现被害人与“话务员”一起购买“藏品”一事，这种行为是公司禁止的，要求被害人补足由“话务员”承担的那部分费用，以证实“话务员”的清白。

被害人同意后，“话务员”再将“补款证明”通过顺丰速运以货到付款的方式寄给被害人，由被害人补足购买“藏品”的费用。被害人将钱款支付给顺丰速运公司后，顺丰速运公司按照与李某龙、赵某璞签订的月结协议将钱款打入其预留的银行账户。通过上述方式，李某龙、赵某璞等人骗取他人钱财共计人民币9787428元。

法院经审理认为，李某龙、赵某璞等13人以非法占有为目的，编造虚假事实并以巨额回报为诱饵，通过拨打电话的方式骗取他人钱财，数额特别巨大，其行为均已构成诈骗罪。根据在共同犯罪中的地位和作用，以及各自具有的量刑情节，以诈骗罪对李某龙、赵某璞等13人分别判处有期徒刑2年4个月至有期徒刑14年不等刑期，并处人民币7万元至30万元不等罚金。

2. 以入会免费境外拍卖藏品为诱饵骗取钱财

2016年5月至2017年12月，杨某伙同他人在北京市朝阳区、东城区等地先后成立多家国际拍卖有限公司。杨某安排公司业务员以固定的话术每天拨打电话，对被害人谎称粮票、油票等物品是“收藏品”，公司能将这些物品在境外免费高价拍卖，并以免费进行鉴定和包装为由，诱骗被害人携带“收藏品”到公司面谈。公司的“设计师”会对被害人带来的“收藏品”进行拍照，设计拍卖品图册；“鉴定师”会现场鉴定和评估价格，谎称被害人的“收藏品”极具市场价值，保守估价为几十万元；业务员虚构公司曾在美国、新加坡等地成功高价拍卖的事实，诱骗被害人与公司签订《艺术品委托拍卖合同》。

合同签订后，又要求被害人购买价值5000元至数万元不等的公司“藏品”成为会员，才能够享受境外免费拍卖服务。通过划分会员等级，以公司对不同等级的会员所提供服务内容不同以及拍卖成功后收取的佣金不同为由，逐步诱骗被害人购买更多的公司“藏品”。其间，公司不断更换名称、经营地点和法定代表人。

经查，被害人高价购买的公司“藏品”仅价值几百元或几十元，系成批购进，公司亦未曾在境外举办过拍卖会。460余名被害人主要为老年人，共计被骗人民币3000余万元。

法院经审理，对杨某等28人以诈骗罪分别判处有期徒刑2年至14年不等，并处罚金。

专家建议

近年来，收藏品投资市场较为火热，不法分子正是抓住了被害人期望通过投资收藏品获取巨额回报的心态，在全国范围内大肆进行电话诈骗。广大收藏爱好者一定要通过正规渠道购买藏品，切勿被高额回报所蒙蔽，落入骗子精心设计的圈套，造成自身经济损失。

此类型的诈骗受害者多为老年人，有些老年人平时和子女联系较少，对反诈相关知识了解也少，不法分子利用这一点，频繁与老人联系博取信任，将所谓的“收藏品”以高价卖出。子女一定要提醒家中老人，不要轻信“收藏品”“原始股”“众筹”等诈骗手段，如果有大额资金流动一定要与家人商量。

27. 如何辨别快递签收诈骗？

话术：“喂！您好，我是中通快递的快递员，您的包裹查不到具体位置，麻烦您再发一下……”

不法分子冒充快递人员拨打事主电话，称其有快递需要签收，但看不清具体地址、姓名，需要提供详细信息以便送货上门。“快递人员”送上物品（假烟或假酒），一旦事主签收后，不法分子再拨打电话称其已签收必须付款，否则讨债公司将会找麻烦。还有一些不法分子通过非法渠道购买或违法获取大量公民个人信息，比如姓名、电话、地址等，将一些假冒伪劣、价值低廉的物品利用快递公司“货到付款”的运送方式随机寄出，收取费用进行诈骗。

以案说法

1. 以快递退赔为诱饵，使用木马病毒骗取钱财

王女士接到自称是快递公司的电话，对方称王女士的快递新冠病毒检测呈阳性，需要销毁，同时对方告知王女士可以理赔。王女士一听事关新冠病毒就慌了，毫不犹豫地选择了退款理赔，并按照对方的指引下载了一款软件，并在软件内填写了自己的银行卡号、验证码以及支付密码。紧接着，王女士就收到银行短信提示，银行卡内被转走5万元，王女士这才意识到被骗。

2. 使用货到付款方式发送廉价商品，赚差价骗取钱财

王某经常在网上购买日常用品，一天他接到自称是快递员打来的电话，称他有一个货到付款的包裹需要付款签收。由于网购东西太多，王某没有怀疑，于是联系家人帮忙取包裹，并支付69元的到付费用。回到家，王某发现那些商品自己从来没有购买过，且这些商品的价值远远低于69元，王某遂报警。后经警方核实，寄件人地址是虚构的地址，诈骗分子在短短几个月时间内总共发出18万单快递，涉案总金额达2000余万元。

3. 串通他人未付款先取货，诈骗快递小哥钱财

2020年4月，快递员小张到某小区派送快递，其中一个快递的交易方式为货到付款，经电话联系后，对方表示自己因事外出，可以先将物品放在快递柜内，此后可通过手机微信转账过去。快递员没有多想，便加了对方微信，将货物放进了快递柜中，随后离开。

14分钟后，小张发现系统显示对方已取走快递，遂立即联系买主，但对方拒不接电话，最后竟将小张拉黑。小张意识到自己被骗，急忙到派出所报案。不久，丁某依法被刑事拘留。据丁某交代，他因手头拮据，在网络贴吧上发帖寻求赚钱机会。某男子主动私聊，要求丁某帮助他收取快递然后再邮寄给他，后给丁某支付报酬。

丁某了解到此单生意涉嫌违法，但考虑回报颇丰，便与该男

子一拍即合。男子在网上订购了两部 iPhone11 手机，勾选了货到付款的交易方式。送货当日，丁某到达男子指定的快递柜地址，避开快递员，通过男子给予的取件码将包裹取出。随后，丁某按照男子的指示将两部手机邮寄至指定地点，通过上述方式予以诈骗。

专家建议

寄快递时尽可能选择大型、正规、信誉好的快递公司，这些公司管理比较规范，在员工聘用方面要求较高，工作人员稳定性高，后续若出现用户个人信息泄露，关于责任的认定和赔偿也更有保障。签收快递时，不要轻易签收“货到付款”的快递，验货如遇可疑情况，立即拨打快递单上寄件人的电话进行验证，若发现对方假冒他人寄件或为空号，应拒绝签收。

快递员在收发快递时，一定要提前联系顾客核实信息。对于货到付款的快递，一定不能让货物离开自己的控制范围，及时清点货物及货款，谨防交易骗局。

28. 如何辨别机票退改签诈骗？

话术：“由于天气原因，您的航班已取消，需要改签或者退票请点击以下链接……”

不法分子冒充航空公司客服，以“航班取消、提供退票、改签服务”为由，诱骗购票人员多次进行汇款操作，实施连环诈骗，或者发送包含木马病毒的链接，对被害人的银行卡进行盗刷。

以案说法

1. 发送虚假机票退改信息，索取验证码诈骗钱财

吴女士在网上订购了一张机票，临飞前两天，吴女士收到一条短信，内容是她预定的航班因机械故障被迫取消，要求吴女士拨打专线电话改签或退票，且每位旅客有200元误机补偿。吴女士见短信内票务信息准确，便拨打了“客服专线”。接通后，对方告知吴女士已经没有可以改签的机票，让吴女士立即申请退款并领取200元的误机补偿。随后，吴女士在对方的指导下，操作支付宝交纳了所谓的“流水证明”，并向对方提供了支付宝验证码。在一系列操作过后，吴女士并没有收到退款，却收到了支付宝转账7000元的交易提醒，吴女士这才意识到自己被骗了，而她乘坐的航班根本没有取消。

2. 开设虚假代购机票网站，诱导转账汇款骗取钱财

2014年7月起，羊某记伙同他人开设虚假的代购机票网站“航空票务”，以实施网络诈骗。当被害人上网搜索到虚假的代购机票网站，并拨打电话4008928000联系时，即以“代购机票机器故障”或“票号不对，未办理成功”等为由，诱骗被害人到自动取款机进行操作，转账汇款至被告人指定的账号，羊某记负责取款。羊某记等人用此种手段诈骗两起，骗得金额共计49573元。

法院认为，羊某记以非法占有为目的，伙同他人用虚构事实的方法，通过互联网骗取被害人钱财，数额较大，其行为已构成诈骗罪。据此，以诈骗罪判处被告人羊某记有期徒刑1年8个月，并处罚金人民币4000元。

专家建议

目前选择航空方式出行的人越来越多，通过网络或电话订购机票也已成为常态。订票最好通过官方途径，其他途径有可能会造成个人信息泄露，甚至会遇到钓鱼网站，造成直接经济损失。当接到航班取消需要改签或者退票的电话或者短信时，一定要通过官方电话或者 APP 进行核实，不要相信对方短信中的链接或者联系方式。收到验证码短信时，要仔细阅读短信内容，知晓验证码用途，千万不能随意将验证码提供给他人，更不能将身份证、银行卡号、密码和验证码一起发给对方。

第五节　色情、赌博类电信网络诈骗

男性最容易成为色情、赌博类电信网络诈骗的受害者，诈骗分子往往利用被害人害怕隐私被公开的心理弱点实施连环勒索，很多被害人被骗以后出于怕丢面子等原因而选择默默承受不报警，这也助长了骗子们的嚣张气焰。

常见的色情、赌博类的诈骗，主要有如下几种方式。

29. 如何辨别招嫖诈骗？

话术：“上门服务，不满意不收钱……”“清纯学生妹，先挑选再上门，安全可靠……”“先交 666 元的健康保证金，事后全额退款……”

骗子选中“猎物”，锁定受害者后与其进行一系列热聊，诱骗受害者下单，谎称已到楼下等，骗取受害者信任，然后编造各种理由要求受害者进行多笔转账。诈骗步骤拆解如下：

（1）四处撒网。骗子事先在网络上（交友网站等）发布所谓的“包小姐”等招嫖信息，大多会附上露骨的性感照片，等“好色之徒”上钩。

（2）物色目标。若有人看到招嫖信息主动找上门，骗子立即承诺服务内容，通过各种诱惑让受害人丧失理智。

（3）预交订金。达成交易意向后，骗子开始以各种似乎“合乎情理”的理由让受害人先交钱后见人，并且信誓旦旦称一收到钱马上上门服务。这笔钱的金额通常不会很大，一般都是一两百元，用来试探受害人的心理防备程度。

（4）变本加厉。当受害人交了第一笔钱之后，骗子又会编出要保证“小姐”的安全等理由，要求受害人先通过汇款交上几千元的保证金。接下来各种汇款借口会层出不穷，雪球也会越滚越大，直至受害人骑虎难下，心力交瘁。

（5）无影无踪。等到受害人发现上当受骗后，钞票已进入骗子的口袋里。幡然悔悟后，受害人想再与对方交涉时，骗子已消失得无影无踪，电话也打不通了。

以案说法

1. 以道具为名目索要钱款骗取钱财

2 月的一天，小王入住某酒店后，在浏览器内搜索色情信息，随即点进了一个网站，网站内显示可以提供上门服务。小王在该网站内随机选择了一个“美女”聊天，双方沟通后定下了服务金额。对方将小王拉入 QQ 群，并添加小王 QQ 进行联系。20 分钟后，对方给小王发消息称已经到楼下了，要求小王先支付服务费 1688 元，小王向对方提供的账号转账 1688 元。

转账成功后，对方称小王转账的备注不对，让小王再转一次，小王再次向对方转账 1688 元。接着对方又以带了道具为由，要求小王支付押金 6688 元，小王再次转账。多次转账后，小王发现自己的银行账户被冻结，银行系统提示小王交易太频繁存在风险，于是小王通过电脑登录网银再次向对方转账。多次转账后，对方也没有露面，小王意识到被骗后报警。

2. 以保证金为名目索要钱款骗取钱财

2019 年 9 月 1 日 1 时许，被害人陈某酒后欲招嫖，遂通过其本人 QQ 账号搜索附近的人，先后添加了洪某龙、杨某斌控制的 QQ 账号，并通过 QQ 就“招嫖”事宜进行了协商，约定“包夜”价格为人民币 680 元。协商一致后，洪某龙与杨某斌便通过 QQ 发送收款二维码给被害人陈某，被害人陈某通过手机识别收到的收款二维码，进行了第一次转账。

洪某龙、杨某斌在收到被害人陈某第一笔转账人民币 680 元后，以被害人陈某转账没有备注为由要求被害人第二次转账人民币 680 元支付“嫖资”。被害人陈某第二次转账后，洪某龙、杨某斌又以备注的格式不正确为由要求被害人第三次转账，被害人陈某又第三次转账人民币 680 元。被害人陈某转账三次后，杨某斌、洪某龙以交纳保证金为由要求被害人转账人民币 2000 元，被害人陈某在转账后意识到可能被诈骗，遂通过支付宝客服冻结了第四次转账。洪某龙、杨某斌发现没有收到第四笔转账后，洪某龙联系被害人陈某，要求被害人陈某继续转账，于是被害人陈某第五次通过支付宝向洪某龙、杨某斌指定的刘某银行账户转账人民币 1980 元。

法院经审理认为，洪某龙伙同杨某斌以非法占有为目的，利用电信网络虚构事实，诈骗他人财物，数额较大，构成诈骗罪，应予依法惩处。杨某斌犯诈骗罪，判处拘役 4 个月，并处罚金人民币 1000 元；洪某龙犯诈骗罪，判处拘役 3 个月，并处罚金人民币 1000 元。

3. 以招嫖微信美女为诱饵骗取钱财

空虚寂寞的年轻小伙张某百无聊赖，在微信雷达上看到一个性感美女微信号，于是就添加了对方微信“热聊”。对方向其介绍服务项目并说可以上门服务，色迷心窍的张某按照对方的要求，陆续支付上门费、开房费、保证金及服务费等各种名目的费用 7000 余元，多次转钱后，对方还是不愿上门，张某这才意识到自己被骗了。而当他准备向对方交涉时，却发现自己被对方直接“拉黑”。等了一晚上，“性感美女”的面都没见着，反而被骗了几千元，此时的张某有种“哑巴吃黄连——有苦难言”的挫败感。

经过激烈的思想斗争之后，张某鼓起勇气向警方报案。警方接到报警后迅速组织调查，经缜密侦查、周密取证，一举打掉该诈骗团伙。经审讯，该诈骗团伙老实交代了违法犯罪事实。

周某、赵某、张某本是同一宿舍的室友，2018 年 4 月，他们偶然发现可以通过网上招嫖方式来诈骗，于是便开始尝试。由于“业务不熟”且害怕败露，他们起初只敢零星作案。但自 2019 年 5 月起，卢某、赵某陆续加入后他们的胆量就大了起来。他们先通过网络从第三方处购买几十个微信账号，并在网上找来性感女性照片做微信头像；然后通过微信雷达添加附近的人向对方介绍服务项目；待对方同意后开始用上门费、开房费、保证金及服务费等各种名目骗取受害人的钱财；当对方发现被骗后，就立即将受害人拉入黑名单。

专家建议

（1）《治安管理处罚法》第 66 条规定，卖淫、嫖娼的，处 10 日以上 15 日以下拘留，可以并处 5000 元以下罚款；情节较轻的，处 5 日以下拘留或者 500 元以下罚款。招嫖和嫖娼都是违法行为，都要接受法律的制裁。

（2）目前，网络上有许多虚假信息，不法分子利用互联网发布虚假的“招嫖”信息进行网络诈骗，借招嫖之名行诈骗之实。网上“附近的人”或网络好友主动邀约，牵扯到金钱或者疑似提供色情服务，极大可能都是诈骗。招嫖诈骗犯罪分子就是抓住事主发现被骗后不敢报警、自认倒霉的心理肆无忌惮。因此发现被骗后，一定要保留好转账及聊天记录等证据，打消顾虑，立刻报警。

如何辨别裸聊诈骗?

话术：“要不要解决你跟小妹的裸聊视频？不解决，立马把这段视频发出去，相信你的家人和朋友马上就能认得出是你……”

陌生的美女网友在网聊过程中尺度不断升级，甚至主动提出裸聊。情色背后，其实是一个温柔陷阱。犯罪团伙录制裸聊视频后，对被害人进行反复敲诈。

部分“裸聊敲诈”手法中，骗子通过在网络平台等发布色情诱导信息，引导添加第三方聊天软件，如同城交友类软件。通过话术（如“帮我点赞、增加人气”等）诱导受害者下载木马APP。这些木马APP一般打着“直播”“视频”的幌子，骗取受害者的通讯录、实时位置、短信等内容。诱导受害者进行裸聊，并对受害者的不雅视频进行偷偷录制。

受害者以为网络情缘一线牵的“美女”实则多为男性。他们通过预先录制准备好的美女裸聊视频或通过美颜、变声等技术手段欺骗受害者。所谓的“裸聊”APP除了图片，并无任何实质内容，主要功能就是获取受害者的通讯录、短信、位置等基本信息。“裸聊敲诈”受害者的手机设备名称、手机号、登录时间、登录IP等均可在后台一览无遗，骗子可以对受害者手机进行定位，查看通讯录、相册、短信，下载通讯录、短信，清空通讯录、短信等操作。

以案说法

1. 以裸聊视频截图为要挟，索要钱财

2020 年 1 月 17 日，被害人黄某在“快手”APP 上看到李某青发布的手机销售广告后，添加李某青为 QQ 好友向其购买手机，并将手机款 1897 元分四次通过微信转账至李某青的微信账户中，李某青收到钱款后将黄某从 QQ 好友中删除。同日下午，李某青用另外一个 QQ 号以一名女生身份再次添加黄某为 QQ 好友，以退款为由要求黄某与其裸聊。在裸聊过程中，李某青将黄某裸聊的视频截图保存，裸聊结束后，李某青没有退款给黄某并将黄某从 QQ 好友中删除。

1 月 17 日晚上，李某青用第三个 QQ 号以一名男生的身份再次添加黄某为 QQ 好友，以退款为由要求黄某与老板裸聊，黄某不同意，李某青就将黄某裸聊的视频截图发给黄某看，以此威胁黄某继续与老板裸聊，否则将图片发到网上。黄某因此割腕自杀并将其割腕的图片发给李某青，李某青之后将黄某从 QQ 好友中删除。经琼中黎族苗族自治县公安司法鉴定中心鉴定，黄某的伤情已构成轻微伤。

法院经审理认为，李某青的行为已构成诈骗罪，判处有期徒刑 1 年，并处罚金人民币 7000 元。

2. 群发裸聊信息，拉黑被害人骗取钱财

2016 年 4 月下旬至 2017 年 3 月 26 日，罗某某先后窜至江苏、山东、广东、湖南等地，利用 13 部手机，20 多个手机号码，40 多个 QQ 号，40 多个微信号实施诈骗。

罗某某把40多个QQ号的网名改成“离婚的女人”，并盗用不明女性QQ头像，还将QQ个性签名改成“玩罗聊吗?”

其后，罗某某把这40多个QQ号登录在13台手机上，挂在QQ语音聊天大厅中，当被害人加其为好友并主动和其聊天之后，罗某某便以女性的虚拟身份通过QQ向被害人发送“39元裸聊”和“78元隐私保证金”等诈骗信息，当对方通过QQ、微信红包或者微信转账付款后立即将被害人QQ拉黑或者删除，并把诈骗所得的钱转到自己的光大银行卡上挥霍。自2016年4月下旬至2017年3月26日，罗某某利用其中4台手机共发送诈骗信息15389条。

法院经审理认为，罗某某犯诈骗罪，判处有期徒刑2年10个月，并处罚金人民币3万元。

3. 主播虚构裸聊信息，诱骗被害人充值骗取钱财

2017年1月至2017年5月11日，尹某波伙同尹某贵、殷某然、尹某超经事先预谋，由尹某贵出资，由殷某然提供技术支持，建立提供在线裸聊服务、上门性服务等虚假服务内容的网站，骗取被害人通过支付宝、微信充值。殷某然除了搭建上述网站外还负责对网站进行日常维护，尹某贵安排殷某然介绍的“瓷娃娃”等人作为代理人组织主播与被害人聊天诱骗充值，安排尹某波对网站进行推广、支付结算。尹某贵通过购买的“莫某”“王某某”“马某”等身份办理的银行账户、支付宝账户、微信账户收取赃款。尹某波等人利用上述网站骗取全国各地多名被害人充值，现已查实的部分已达人民币446764元。

法院经审理认为，尹某波伙同他人以非法占有为目的，利用

电信网络技术，以虚构事实或隐瞒真相的方法骗取他人财物，数额特别巨大，属有其他特别严重情节，其行为已构成诈骗罪，判处尹某波有期徒刑 5 年，并处罚金人民币 5 万元。

专家建议

使用网络时应注意：（1）保护个人隐私，在使用微信、QQ 等通讯工具添加好友时，注意甄别不认识的人员。（2）在网上交友时，应保持清醒、谨慎，要洁身自好，拒绝裸聊。在没有确定对方身份信息之前，千万不要暴露个人敏感的身份信息，既不要轻易相信陌生网友的说辞，答应陌生网友的要求，也不要将自己真实的信息告诉他人，并提高自己抵抗诱惑的能力，特别是不要参与裸聊。一旦遭遇敲诈，不要奢望骗子能真正删除视频，或动怜悯之心放过你。要对自己的行为负责，立刻报警。

31. 如何辨别赌博诈骗?

话术：“只要动动手指就能赢钱……”“以小博大轻松致富……”

不法分子专门在网上制作虚假平台，伪装成虚假彩票网站用于诈骗，并且专门选择有赌博爱好的人下手。为了寻找目标，他们在网上伪装成“白富美”“高富帅”，以“时时彩”等为关键词在网上专门搜索一些赌博、投资群，然后加微信、QQ 好友聊天。

聊天中，他们会从侧面打听受害人的经济状况和性格特点，比如，我们是同龄人，你开什么车？等等。把自己吹嘘得很高端，还发布一些虚假炫富图片。等了解受害人的经济状况后，他们就会有针对性地诱骗事主登录他们的彩票网站进行投注，进而对受害人实施诈骗。

以案说法

1. 先“谈恋爱”骗取信任，后诱导被害人赌博骗取钱财

2019 年 9 月，张某帅和陈某偷渡到缅甸，在酒店旁边一栋烂尾楼里参与某诈骗集团从事电信诈骗犯罪活动。该诈骗集团利用陌陌、探探、微信等多种社交软件与在国内的被害人交友聊天，以虚假身份通过“谈恋爱”的方式骗取被害人信任，然后诱骗被害人充值转账到“财富”刷单平台、“领富”网络平台等网络诈骗平台进行赌博、投资，从而骗取被害人钱财。

法院经审理认为，张某帅明知他人从事电信网络诈骗犯罪活动，仍为他人提供帮助，并最终导致相关被害人遭受损失，数额特别巨大，其行为已经构成诈骗罪，判处有期徒刑 3 年，并处罚金人民币 1 万元。

2. 以投资为名骗取信任，引诱被害人赌博

2020 年 3 月，张某云经他人介绍加入名为“富力集团”的境外电信诈骗集团，并在该集团的帮助下偷渡至缅甸小勐拉，参与该集团对国内居民的诈骗犯罪。该集团以网络交友的方式，寻找犯罪对象，并通过微信联系的方式，以投资为名，骗取他人信任，向“富力集团”网站充值，参与该网络的赌博活动，而后以

缴纳个人所得税、提现手续费等名义继续要求他人向该网站充值，从而提取现金，诈骗他人钱款。

2020年6月12日至7月4日，高某在其位于吉林市昌邑区的家中，被“富力集团”诈骗合计人民币178117元。2020年7月末张某云回国，在该集团获利合计人民币18000余元，被其挥霍。张某云于2021年6月2日被公安机关抓获。

法院经审理认为，张某云偷渡至境外，参加境外诈骗集团，对境内居民实施电信网络诈骗，数额巨大，其行为已构成诈骗罪，判处有期徒刑3年，缓刑4年，并处罚金人民币3万元。

3. 骗取信任诱导被害人赌博，控制输赢诈骗钱财

2019年4月上旬，徐先生通过交友软件结识了一名男性网友吴某，聊得相当投机，没过几天就开始称兄道弟。随后，吴某通过发送二维码的方式向徐先生推荐了一款名为“芒果娱乐”的软件，说是“一起玩玩”。徐先生下载后发现，这个软件其实是一个赌博平台，可以通过“押大小”等形式参与赌博，而用来下注的金币则需要添加“芒果娱乐”支付宝账户购买。在吴某的不断怂恿下，徐先生先后4次，花了1.1万元购买金币下注。

刚开始，徐先生确实用较小的投注金额赢了几把，但很快他就发现，随着投注金额的增加，赢的概率大大下降，一天之内，一万余元就输得精光！而当吴某又忽悠徐先生继续充值下注时，徐先生猛然意识到自己可能被骗了，随即来到派出所报警求助。

随着调查的深入，警方发现了50多名被害人，意识到这很可能不仅仅是一起简单的网络赌博案件，背后更隐藏着一个诈骗

团伙。最终，警方找到了位于福建省厦门市某小区内的犯罪窝点。

2019 年 4 月 25 日，警方赴福建省厦门市开展收网行动，在当地警方的大力配合下，成功将以王某凯、王某华为首的 8 名犯罪抓获归案，当场缴获作案用笔记本电脑 10 台、台式电脑 1 台、手机 50 余部、银行卡 50 余张，作案用全新手机电话卡 10 余张。

经审讯，警方逐步厘清了该团伙的组织架构及诈骗手段。团伙中王某凯主要负责网站构建、APP 维护以及收受赌资赃款。王某华则负责团队管理，培训犯罪运用多个账号，以男女恋爱和搭识交友等形式为铺垫，先与被害人聊天博取信任，再将“芒果娱乐”博彩软件推荐给被害人。前期，先以微小盈利让被害人放松警惕，待被害人用大额钱款购买金币下注后，就利用后台权限篡改数据、控制输赢，最终令被害人血本无归。

专家建议

网络赌博本身就是违法行为，且很多 APP 只是披着网络赌博外衣的诈骗软件，网络赌博在违法的同时也极易落入诈骗陷阱，妄想通过赌博一夜暴富更是不可取。面对陌生人推荐的软件要高度警惕，不要轻易转账汇款，切勿因贪图新鲜刺激和蝇头小利而遭受财产损失。

第六节　冒充身份类电信网络诈骗

32. 如何辨别冒充公检法工作人员诈骗?

话术：“我们发现了你的银行账户涉嫌洗钱，你现在抓紧来我们公安局一趟……”“先把钱转到国家安全账户，等我们调查清楚了，会原路退给你……”

骗子先通过网络购买受害者个人信息，例如身份证号、住址等隐私来取得受害者初步信任，再通过改号软件将来电显示号码改成“公检法”机关的办公电话。而后冒充公安机关、检察院、法院的工作人员打电话给被害人，声称被害人涉嫌从事了洗黑钱、非法集资、诈骗等与银行账户有关的犯罪活动，随时可能被捕；并通过虚假的政法机关官网或者网络传真给被害人通缉令或传票，造成被害人的恐慌心理。骗子会通过严肃谨慎的语气，强势震慑并控制受害人。接着骗子提出“证明清白的唯一方法”就是配合调查，要求被害人将名下所有资金转入骗子提供的虚假“国家安全账户”。

至此，整个诈骗过程完成，受害人卡上的存款全部落入骗子手中。但这还不是骗局终结，很快，受害人会继续接到威逼转账的电话，诈骗剧本要求，受害人一旦上钩就要被“吃干榨净”。

以案说法

1. 以涉嫌“洗钱”为由要求被害人转账，冒充民警骗取钱财

2020 年 11 月 27 日，淮北的王大姐接到一名自称武汉市公安局民警的电话，告知其淮北市某银行经理李强使用她的身份洗黑钱，王大姐心里顿时害怕起来。为了尽快洗脱嫌疑，王大姐便按照电话里的要求，到宾馆开了间房，不与任何人联系。

开好房间后，“民警”让王大姐添加 QQ，发来了审讯李强的照片以及带有王大姐姓名的通缉令。王大姐更害怕了，立即按照“民警”的语音指导操作，办理了一张新电话卡、新银行卡，并将自己银行卡里的钱转到新卡上。王大姐在“民警”的“指导”下，将自己的钱转入所谓的“安全账户”。一系列操作后，王大姐的四万块钱被转走，她才意识到被骗了。

2. 以“被通缉”为由清查资金，冒充刑警骗取钱财

项城市邓女士在家中接到一个开头号码为“+5850”的电话，电话中对方自称是长沙市公安局刑侦总队队长“陈警官”，并且准确说出了邓女士的身份证号码，称邓女士身份证信息被人盗用牵涉一起案件，需要邓女士主动到公安机关交代情况，否则下午开庭审理后邓女士将被列为在逃通缉犯，会直接去家里抓邓女士。被突如其来的“警方来电”吓蒙的邓女士赶紧向“陈警官”进行求助。

“陈警官”以打电话说不方便为由给了邓女士一个 QQ 号让邓女士加其为好友，并再三叮嘱该案件为涉密案件，不许邓女士向家人和他人透露。邓女士加上“陈警官”发来的 QQ 后，“陈

警官”通过QQ发来了手持警官证的照片和有邓女士照片的通缉令图片，被吓坏的邓女士信以为真。“陈警官”称，为了证明邓女士的清白，需要对邓女士做信息核实，并给邓女士发来了一个“安全维护”APP，要求邓女士在APP中填写自己的姓名、银行卡号、身份证号、登录密码、卡片密码、U盾密码。邓女士填写好信息后，“陈警官”又说需要查询邓女士的资产，让邓女士将自己所有现金都转到同一张银行卡内，并将该银行卡信息提供给他。

邓女士按照对方的要求完成后，“陈警官”要求邓女士将手机调成飞行模式，只保留无线网连接。过了一会后，“陈警官”再次打来QQ语音，要求邓女士继续往其提供的银行卡里凑钱。这时，稍微冷静下来的邓女士感觉到有些不对，挂断QQ语音赶紧和家人联系并查询银行卡余额，发现自己卡里的钱通过网银被分5笔转出，共计219176元。这时，邓女士发现自己的QQ已经被“陈警官”拉黑。确认自己上当受骗的邓女士赶紧报了警。

专家建议

凡是接到自称“公检法”人员的电话，提到“安全账户、清查资金、转账汇款”的，都是诈骗。凡是自称某部门工作人员，主动帮你转接电话至“公检法”的，都是诈骗。凡是要求电话内容绝对保密，或通过网络出示“通缉令”“警官证”的，都是诈骗。凡是自称公安人员要求通过电话、QQ、微信做笔录的，都是诈骗。凡是要求前往酒店、网吧等隐蔽的环境接受调查或自证清白的，都是诈骗。

33. 如何辨别虚构救助、助学金诈骗？

话术：“我是×××学院老师，你申请的奖学金已经获批，请先将学费汇款至622×××××××××××××的账号，激活并使用奖学金……”

诈骗分子先通过非法渠道获取公民个人信息，往往会在开学前后，冒充资助老师、民政局工作人员、社会工作者，向学生或其家长打电话、发短信，谎称可以领取补助金、救助金、助学金，要其提供银行卡号，然后以资金到账查询为由，指令其在自动取款机上进行操作，将钱转走。

以案说法

1. 以真实信息取得被害人信任，冒充老师骗取钱财

某高校的大学生报警，称有人冒充学校老师打电话进行诈骗。被骗学生小王表示，电话中，这名“老师”准确地说出了他的姓名学号，对方以给他转奖学金为由让小王先打3000元进账户，小王照做了。随后小王便发现自己卡里的钱都不见了。

2. 以发放助学金为诱饵，诱导操作骗取钱财

2021年底，王女士突然接到一个陌生男子的电话，对方自称是凤台县教育局的，要给王女士的儿子发放一笔3000块钱的助学金。王女士家庭比较困难，先前也确实提交过申请助学金的材料，随即表示自己可以到教育局领取，没想到，这名男子却告诉她，助学金的申请已经通过了，所有的助学金都必须打到银行卡里，王女士只要带着自己的卡，就可以到附近的 ATM 机上取钱。在王女士来到 ATM 机之后，电话中的男子首先询问了王女士卡里的余额，然后要求她输入一个所谓的查询码，再进行转账操作。按确认之后，手机信息提醒已经转账，王女士发现卡里的一万多块钱已经只剩下十几块钱了。这些钱是家里所有的存款，是家里人好不容易凑出来给孩子的学费和生活费。被骗之后，王女士赶紧报了案。

专家建议

遇到发放助学金及奖学金的，应首先向老师或当地教育部门咨询真伪，千万不要擅自按照对方的要求操作转账。通常情况下，单位或者个人提供资助，都不会要求学生在电话中告知身份证号、银行卡号、手机验证码等信息，也不会要求缴纳任何费用或在 ATM 机和网上银行进行操作，如有类似要求，一定要先确定真伪，千万不要擅自按照对方要求操作，以免上当受骗。

34. 如何辨别医保、社保诈骗?

话术：“医保卡异常将被强行终止，请及时登录链接网站上传资料或签署电子协议、办理医保卡……”“你名下的医保卡已停用，请申请电子版使用……”

不法分子冒充医保、社保中心工作人员，谎称受害人医保、社保出现异常，可能被他人冒用、透支，涉嫌洗钱、制贩毒等犯罪，之后冒充司法机关工作人员以公正调查、便于核查为由，诱骗受害人向所谓的“安全账户”汇款，或者通过短信诱导受害人点击钓鱼网址链接进行银行卡账户盗刷，实施诈骗。

以案说法

1. 使用网络虚拟改号技术，编造虚假事由骗取钱财

2016 年 3 月起，“三哥”伙同“一哥”“天胜”等人，在印度尼西亚玛琅市某别墅内，成立了电信诈骗组织，通过网络虚拟改号技术拨打、接听电话，冒充医保、公安、检察等部门的工作人员，编造个人身份信息泄露、涉嫌刑事案件、银行账户内资金需要审查等理由，欺骗被害人将钱款转入指定账户，或下载特制 APP 进行信息验证操作套取银行账户和密码，从而非法占有财物。该犯罪组织诈骗金额共计人民币 3800.5662 万元。

法院经审理认为，肖某珍、刘某华以非法占有为目的，采用虚构事实的方法，利用拨打电话等电信技术手段对不特定多数人实施诈骗，骗取公民财物，数额特别巨大，其行为均构成诈骗罪。

2. 假冒医保工作人员，编造虚假事由骗取钱财

2017 年初，中国台湾籍张某祥、张某超、聂某澄（均在逃）等人在印度的班加罗尔市搭建电信诈骗窝点。欧某璟经人介绍到印度班加罗尔成为诈骗集团的一线话务员。该犯罪集团利用电信网络技术手段，冒充被害人所在地医保局工作人员，即一线话务

员，以拨打或接听电话的方式，告知被害人在广州万达机械厂开办了一张医保卡，且这张医保卡在广州市的各大药店违规购买了208盒或200多盒新康泰克用于制造毒品，并谎称被害人还在广州办理了一张工商银行卡或农业银行卡用于“洗钱”。

若被害人称自己未去过广州，也没有办理过医保卡及银行卡，一线话务员则恐吓被害人如果不将该事情处理好，会将正在使用的医保卡停用并追究刑事责任。被害人为了洗清罪名，便问如何处理，一线话务员为消除被害人的顾虑，一般会告之被害人需到广州市白云区公安局报案，被害人一般称不能赶到，一线话务员就让被害人拨打020114查询广州市白云区公安局电话号码，被害人会查出一个3722×××1的电话号码，二线话务员立即用3722×××1的电话号码打给被害人继续诈骗。有时一线话务员则称可以帮被害人向广州市白云区公安局报案，直接将被害人接到二线话务员。

同案犯梅某潇、高某等（另案处理）二线话务员便进一步询问被害人医保卡的相关情况，并谎称被害人在广州办理的银行卡洗钱达到200多万元等情况来恐吓被害人，声称要对被害人名下的存款进行资金审查，被害人一般会在电话上告知二线话务员其存款情况。二线话务员称被害人涉嫌的案子很大，需要刑警队长或者检察官（即三线话务员）来处理，于是将电话转接至三线话务员。

张某祥、张某超、聂某澄以及王某（均在逃）等人则冒充三线话务员，三线话务员恐吓被害人，如果不想坐牢，需要将资金转到指定账户中进行审查，并谎称审查如果没有问题便会全额退还给被害人。有些被害人即按照三线话务员的要求进行转账，诈骗集团利用钓鱼、木马等链接获取被害人银行账户及密码，远程操作转移被害人钱款。

2017 年初至 2018 年初，欧某璟等人在印度班加罗尔伙同他人利用上述剧本，先后诈骗 232 名被害人共计人民币 9844105.95 元。

法院经审理认为，欧某璟以非法占有为目的，出境参加电信诈骗犯罪集团，合伙利用电信网络技术手段，冒充司法机关等单位工作人员，诈骗他人财物，数额特别巨大，其行为已构成诈骗罪，判处有期徒刑 6 年 10 个月，并处罚金人民币 400 万元。

专家建议

医保局或医保经办服务中心工作人员不会冻结正常参保缴费人员的医保账户，不会对参保账户消费进行大数据监控，不会越过单位经办人直接联系具体参保人员，不会发送不明网址，不会要求参保个体进行信息绑定或资金转账。任何自称是所谓医保办、医保处、医管局的人都是假的！

按照工作纪律，医保单位工作人员不会通过私人手机联系参保人员，且办公电话号码均为座机，不要轻信任何医保卡故障等通知电话，更不要随意按照对方要求进行信息绑定、资金转账等操作。接到电话，无论真假，可以到最近的医保定点医院、定点药店刷卡验证，也可拨打社保服务热线 12333 或直接到所属社保机构进行查询。

35. 如何辨别伪造特定身份诈骗？

话术：“专业运营团队，轻轻松松帮你的店铺实现月销售过百万……”

不法分子群发短信，或者在各种交易平台发布信息，伪造自己具有某方面专长可提供服务，要求对方支付钱款。

以案说法

1. 以“淘宝代运营”为名，虚假刷单骗取钱财

2020年4月，粟某峰、付某、高某共同出资成立湖北小铺有鱼文化传媒有限公司（以下简称小铺公司），粟某峰为法定代表人，主要经营范围包括组织文化艺术交流活动、舞台艺术造型策划、企业营销策划、会务会展服务、电子商务技术咨询等。该公司先后招募多人组成以粟某峰和付某为首的两个工作组（高某参与粟某峰小组经营），先后在宜昌市亚洲广场、中环广场以“淘宝代运营业务”为名实施诈骗。

其中，粟某峰、高某招募谈某、赵某恒等人组成一个工作组，由谈某担任客服人员，赵某恒和袁某等人先后担任售后人员，其余为销售人员；付某招募何某云、凃某等人成立一个工作组，由何某云和凃某先后担任客服人员，王某桃担任售后人员，其余为销售人员。上述人员入职后，粟某峰、付某给员工发放“话术”本（一种专门用来引诱和欺骗被害人及应对被害人问话的文档），由销售人员用“放大镜”“青苹果”等软件在网络上扒取新注册淘宝店主的千牛号、旺旺号，通过淘宝旺旺号、微信号添加被害人为好友，然后利用被害人刚开店、易骗的特点，根据“话术”内容，冒充成功的淘宝店主，在明知小铺公司无自产货源和固定合作货源，又无相应能力代运营淘宝店的情况下，谎称自己的淘宝店铺系经过小铺公司的运营、推广才能经营成功，骗取被害人的信任并将客服人员的微信号推送给被害人。

客服人员添加被害人微信后，即给被害人推荐该公司的服务套餐，谎称公司有能力为被害人的淘宝店铺做代运营、推广服务，承诺对被害人的店铺提供装修、上货、提升真实访客量、销量等服务，诱导被害人签订小铺公司的《电商创业孵化合作协议合同》，以收取服务费为由对被害人实施诈骗。

在被害人交纳服务费后，粟某峰、付某等人未向被害人提供所承诺的全部服务，而是分工配合，采取给被害人淘宝店铺“刷流量”（使用“流量刷”等虚假方式提升被害人店铺访客量）、为被害人淘宝店铺“刷单”（伪装成真实客户到被害人店内下单并虚假发货，使被害人误以为自己的店铺产生真实订单）等方式欺骗被害人。被害人被诱骗交完全部服务费后，再由客服、售后、销售人员继续分工配合，以被害人淘宝店铺等级太低，不能使用花呗、信用卡支付为由，继续诱骗被害人进一步交纳服务费，将店铺升级至“钻石”级别，从而骗取被害人更多的钱款。

自2020年4月至10月，粟某峰、付某等人先后诈骗官某、王某、孟某等数百名被害人钱财。

2. 承诺“淘宝代运营”，收钱后取消订单骗取钱财

王先生购买了一个“网店代运营公司”的代运营套餐，该套餐不仅有店铺运营服务，还有“货源供给代发”，提供运营、供货、发货为一体的“一条龙服务”。购买代运营套餐后不久，便有客户在王先生的网店里下了一笔 2000 元的订单，代运营团队告诉王先生：“由于技术原因，现在网店只可以下单，但无法付款。”

挣钱心切的王先生不懂淘宝的运营规则，马上向代运营团队寻求帮助。代运营团队告诉王先生，为保障消费者权益，新店都需要缴纳消费保障金，交钱之后团队就会帮他解决这个问题。由于这一款项是在淘宝真实存在的，可信度极高，王先生并没有多想便将钱转给了代运营公司。

实际上，之前下单的客户是代运营团伙的成员，最后这笔钱并没有给到淘宝平台缴纳保障金，而是落入代运营团伙账户。他们收到钱之后，就以“店铺新，怀疑店主诈骗”为由取消订单，随即停止所谓“运营套餐”里面的所有服务，拿钱跑路。王先生这才反应过来自己被骗了，立马报警。

随后，深圳龙华警方接到公安部线索后，迅速捣毁一个“淘宝代运营”诈骗团伙窝点。该团伙不仅号称提供“店铺运营服务”，还增加了“货源供给代发”，形成集运营、供货、发货为一体的“一条龙服务”的骗局，通过邮寄空包、谎称付款存在技术故障等手段诱骗事主一步步转账。经核查，涉案金额达人民币 450 万余元，全国有近两千人受骗。

专家建议

经营者在选择代运营公司的时候，要了解清楚代运营公司的资质和口碑，他们给出的成功案例要仔细求证。首先，要了解代运营公司工作的具体内容；其次，一定要多方考察，了解代运营公司的办公地点、公司年限、公司人员结构、运营团队成员、公司作品、成功案例及公司资源库等，最大限度地避免选到坑人的代运营公司或者被虚假的代运营犯罪团伙骗取钱财。

如何辨别冒充熟人身份诈骗？

话术：“我是房东，号码换成了这个，请你存一下，房租你打到我爱人卡上，农行：×××××。”“明天早上到我办公室来一趟！”“我今天去和客户谈生意，打电话不方便，QQ（短信）联系。”

不法分子通过非法渠道获取他人手机通讯录等相关信息，然后通过微信等网络社交平台主动添加受害人为好友，或者通过发短信联系受害人，用关心的口吻减轻受害人的戒备心，甚至主动提出帮助受害人解决困难，获取受害人信任。而后以资金周转、朋友急用、为人办事不便出面等多种多样的转账、汇款要求，诱导受害人转账，其间不停催促。受害人碍于情面、疏于核实，来不及思考而上当受骗。

以案说法

1. “朋友圈”发布虚假信息，骗取钱财

2021 年 2 月至 2021 年 8 月，管某迎多次通过微信发朋友圈，虚构可以帮忙预约 HPV 疫苗、代理医美（医疗美容）项目，介绍朋友预约疫苗给予提成，骗得被害人转款，并继续编造帮助他人办理贷款缴纳手续费等向被害人“借款”，先后骗得被害人蔡某、甘某、曹某、高某、彭某、袁某、肖某、姜某累计人民币 673574 元，并将诈骗来的赃款部分用于娱乐场所消费和赌博。

2. 盗取 QQ 邮箱虚拟交易骗取钱财

近日，张某在国外的朋友王某通过 QQ 邮箱和他联系，让他帮忙问问济南航空公司的黄经理，刚果到济南的飞机票预留好了没有，并给了张某一个号码。张某和此号码联系后对方称预留好了，但已经快到期了需要赶紧交钱。随后王某让张某帮忙交钱，给张某发了一个钱转到张某卡上的截图，并称因在国外有延迟，需要 6 个小时后钱才能到账。张某看到后，用自己的微信零钱将 2000 元转到黄经理提供的银行卡上。后来张某联系上了朋友王某，王某说自己的 QQ 号被盗了，张某发觉被骗后遂报案。

3. 冒充“他人领导”借款骗取钱财

蒙某庆于 2016 年 3 月 23 日伙同他人向被害人焦某某的手机上发送自己是焦某某领导的虚假信息，取得焦某某信任后，称不方便用自己的卡给他人转钱，需借用焦某某的卡且因跨行不能将款及时转到焦某某的卡里，让焦某某先向其提供的银行账号转

款，以此骗取焦某某人民币 10 万元。

法院经审理认为，蒙某庆以非法占有为目的，伙同他人采用虚构事实、隐瞒真相的手段，骗取他人财物，数额巨大，其行为构成诈骗罪，判处有期徒刑 4 年 6 个月，并处罚金人民币 5000 元。

4. 伪造身份虚构房屋出租信息骗取钱财

2017 年 5 月至 8 月，张某通过伪造身份信息在 58 同城网站上多次发布出租德州市多个小区房屋的虚假信息的手段，骗取被害人于某、李某、邢某亭、赵某月等人房租及押金共计人民币 31400 元。2017 年 8 月 30 日，张某在德城区被德州市公安局宋官屯派出所民警抓获。

法院经审理认为，张某以非法占有为目的，虚构事实，冒充房主多次骗取租客房租及押金，数额较大，其行为已经构成诈骗罪，判处有期徒刑 1 年 2 个月，并处罚金人民币 2 万元。

专家建议

针对冒充熟人的诈骗，多加核实很重要。

针对冒充企业领导的诈骗，企业负责人要建立健全正规的财务管理制度，特别是现金运行要确保安全可靠；公司主管财务的会计人员，要严格遵守财务管理制度，平时要与主管领导建立多种联系方式，对于微信、QQ 或者电话转账汇款的指令，不能轻信盲从，要印证确认后再进行下一步工作，避免上当受骗。

第七节　活动类电信网络诈骗

37. 如何辨别发布虚假爱心传递诈骗？

话术："请伸出您的援手，救救这个可怜的两岁孩子，原本活泼健康的孩子罹患白血病……""只要每人献出一点爱心，就能挽救这个无助的家庭……""甘肃老农民，农产品滞销……"

犯罪分子将虚构的寻人、扶困帖子以"爱心传递"方式发布在网络上，引起善良网民转发，实则帖内所留联系电话是诈骗电话。不少犯罪分子在当前这个特殊时期，利用人们对防护用品的迫切需求，甚至是人们的爱心、善心进行诈骗。诈骗分子通过网络、通讯工具等多种方式，冒用红十字会或医院等名义，向用户发送疫情防控"献爱心"的虚假信息，利用群众同情心进行诈骗。通过网络众筹平台利用别人爱心实施诈骗也是高发的诈骗手法，并且有一些专门为不法分子实施网络众筹诈骗提供假病历的"灰色产业链"，能够根据不同需求，定制化地出具不同医院的病历，为不法分子实施诈骗提供便利。

以案说法

1. 涂改去世女友病例，骗取爱心捐款

广东某地区的王某通过自学图片修改技术，涂改去世女友的病历，谎称女友患有严重疾病，因家庭经济困难无法支付高额治疗费用，同时在多个网络众筹平台发起爱心捐赠。在募捐过程中，平台工作人员陆续接到线上举报，称申请筹款的病人在2018年就已去世。平台工作人员初步核实后，向公安机关移送了相关犯罪线索。

警方经调查发现，王某通过涂改去世女友住院资料，先后骗取总计6万多元的爱心捐款。最终，检察机关以王某涉嫌诈骗罪向法院提起公诉。相关网络众筹平台也采取“先行赔付”的处理机制，将部分款项原路退还捐助人。

2. 冒充爱心少女，以为贫困山区儿童献爱心为由骗取钱财

陕西某地区的小李在使用微信时，遇到头像靓丽的陌生女网友突然添加他为好友。对方先是以微信加错人为由和小李搭讪，因为看对方是一名面容姣好的女子，小李便与之攀谈起来。对方自称是广州幼师到云南山区支教，其朋友圈内发布了不少在山区支教的照片和视频，小李便信以为真。随着两人交流的增多，小李对该女子的好感与日俱增，感觉该女孩善良有爱心，便在微信中对该女子表达了爱慕之心。该女子并未表示拒绝，反而邀请小李一同为贫困山区儿童做一些有意义的事，小李听后欣然应允。之后，女孩以买礼物给山区小孩、过生日、玩游戏等各种理由向小李要钱，小李前前后后共转账7万余元。

在小李多次表示想与该女子见面后，该女子将小李微信拉黑，小李发觉自己被骗，遂报警。警方接到报案后，经过研判侦查，发现这是一个以林某为首的犯罪团伙从事的诈骗活动。警方在阳江市一小区的两处出租屋内抓获12名嫌疑人。

该案中的犯罪嫌疑人以高颜值的年轻女性照片作为微信头像，每天在这些微信号的朋友圈里面发布各种各样的自拍照片、视频并配上感人的文字说明，从而刻画出一个外表美丽、工作认真、充满爱心的年轻女子的形象。在一开始与被害人进行联系的时候，骗子并不急于提到钱的事情，而是通过对虚拟人物的精致包装来获取被害人的认同，通过感情问题的咨询与被害人在网络上建立暧昧关系。与当前绝大多数电信网络诈骗犯罪活动类似，本案犯罪也有“话术”剧本，总共二十集，每天演出一集，诈骗结束即演出结束。

专家建议

献爱心进行捐助，要认准正规捐赠途径，向具有公开募捐资格的慈善组织进行捐助或者直接捐给目标单位或个人。确认一个组织是否正规、有没有公开募集资格，可通过全国慈善信息公开平台（http://cishan.chinanpo.gov.cn/）或中国社会组织动态政务微信（chinanpogov）查询。请仔细看清官方网页和发布信息，切勿让您的爱心成为骗子的目标，切勿让您的善款流入骗子的口袋。切勿轻信网上结识的朋友所说的话，一旦对方提出有钱财上的要求，一定要多方核实，千万不要轻易转账汇款。

38. 如何辨别点赞等新型诈骗？

话术：“急需快手作品点赞员，时间自由，工资日结，不收押金……”“集齐36个赞，可以免费获得充电宝一个，邮寄到家……”

犯罪分子冒充商家发布“点赞有奖”信息，要求参与者将姓名、电话等个人资料发至社交工具平台上，套取足够的个人信息后，以获奖须交纳保证金等形式实施诈骗。还有一部分诈骗分子在朋友圈发布“点赞”“集赞”信息，声称集满一定数量免费送高档物品，而买家只需要支付邮费，事后却发送残次品并通过快递收取货品费用；或者以“点赞”的名义诱导大众下载含有木马病毒的 APP，导致受骗人手机中毒，从而不露声色地转走受骗人的银行卡余额。

以案说法

1. 点击网址进行点赞，实则中招木马病毒

北京市的张先生收到朋友发来的信息，称自己孩子在参加某项网上评选，请他为孩子点赞投上一票，随后还附有一网址链接。张先生想都没想立即点击，并根据提示下载了某软件。很快，张先生就收到数条购物支付信息。经查询，他发现自己的 2 张招商银行卡和 2 张建设银行卡被盗刷，随即报警。

民警调查后发现，张先生点击的链接地址其实是一个钓鱼网站。骗子诱使他下载的软件中含有针对手机银行的木马病毒，当张先生操作手机银行时，相关银行卡信息就会被盗取。随后，张先生从朋友处证实，朋友的手机中了病毒，这条信息并不是朋友主动发送的。

2. 点赞得红包，实则需要刷单做任务

南京网民小王在刷某短视频 APP 时，突然被拉到 APP 里的一个群，进去之后发现是点赞得红包的群。群主称为方便做任务

返利转账，又组建了一个微信群。小王扫码进群后，群主随即发布了点赞的任务，群内所有人负责加关注并点赞，将截图发到群里领取奖励，每单为1.6元到1.8元不等。

做了几单之后，群内有个自称是管理员的人又发了一个APP的下载链接，需下载“花至APP”继续做任务才能领取奖励。小王见之前做的任务都得到了返利，便信以为真，按照对方提示下载了APP并注册，并收到了20.8元的返利。之后，小王进入APP网页，网页内的接待助理让小王买一个类似于彩票的东西，以充钱的形式买积分，一元一分，再用积分去下注等开奖，如中奖即可直接提现。

小王首次花200元分别购买了2笔100的积分和指定号码，顺利在平台里提现了280元，第三笔充值100元后，发现不能提现，平台助理提示还要再充值一个1000元金额的任务才可以提现。小王充值1000元后，对方称下注未成功，这笔充值不算任务，还要再充值一次，小王没多想又给对方转账2500元。接着对方又以充值金额不一样为由要求再充值1万元，小王为了将之前全部投入的钱顺利提现，又向对方转了1万元，但是依然提现失败，询问对方却发现自己已被对方拉黑。意识到被骗的小王立即报了警。

3. 参与投票活动泄露他人照片，引发敲诈勒索骗局

2017年初，某市的张女士参加了微信里一个名为“萌宝大赛”的投票活动。按照活动要求，张女士上传了孩子的照片、填写了个人信息后便开始在朋友圈拉票。就在她喜滋滋地憧憬着获得万元大奖的时候，一个陌生电话却让她陷入了恐惧之中。

电话里，一个自称有“黑社会”背景的男子恐吓张女士拿3

万元钱平事，否则就对她儿子下手。该男子不仅能够准确地说出张女士的工作单位、家庭信息，连她儿子的长相都能描述得一清二楚。惊恐万分的张女士立即报警，后在公安机关的帮助下避免了财产损失。

专家建议

一些商家或不法分子常以高额奖励为诱饵，开展一些虚假的比赛从中牟利。一场比赛所拉来的投票，可以套取几千甚至十几万家长和孩子的个人信息，这些信息再被以不同的价格卖给不法分子，由他们制造出“孩子重病”“孩子被绑架”等假象进行诈骗犯罪。

在为朋友点赞前，最好先跟朋友沟通，正常的朋友圈点赞不需要下载软件，因此不要随便安装来历不明的软件，不要随便打开未知网页，以防感染病毒造成财产损失。

要提高自我防范意识，不要轻信“抖音”“快手”等短视频平台上带有营销、钱款等性质的视频，点赞完成任务本质还是刷单诈骗，更不要轻易向对方转账汇款，如发现被骗应立即报警。

39. 如何辨别众筹诈骗？

话术：“互联网+众筹，投资新风口，小额投资高额收益……”“感谢众筹以来××、××等好朋友们的支持，感谢朋友们帮助我踏上创业之路。大家的鼓励和祝福是我最大的动力！现在还有××%就可以完成了，请朋友们帮我完成众筹，谢谢大家！”

由于信息的不对称性，网络众筹渐渐成为网络诈骗的温床。所谓的理财投资众筹平台很大一部分是 P2P 平台转型，其中还包括部分运营不良的 P2P 平台直接做众筹平台。平台涉及向公众集资的环节，若不能严格做到资金流向监控或者实现第三方存管，非法集资的风险就很高。

以案说法

1. 以众筹投资影视返现为诱饵骗取钱财

小刘是一名新媒体编辑，会在夜间浏览几个常看的公众号文章。2019 年 10 月 23 日，小刘看到一个微信公众号发文章介绍了名为“沄澈影业”的影视投资 APP。“沄澈影业”声称承接各个影视项目的宣传工作，收益来源为制片方提供的票房收益、网络版权等，宣传资金需要靠众筹。“沄澈影业”称，可提供短期投资，返现可选择每日返现与一次性返现。

各项项目利息不同，通常影片的知名度越高，付息越高，而选择一次性返还的利息略高于每日返还。出于对公众号的信任并上网查询该公司的工商信息后，小刘觉得一切都很“正规”，她先用 280 元试水为期 3 天的新手理财，到期后顺利提现且很快到账。在一些小额投资后，小刘通过上述平台陆续投了《一生有你》和《受益人》项目，《受益人》4000 元，《一生有你》前后陆续投了 2.5 万元，均按时返还本金并支付利息。

这些项目的成功促使她继续投资，先后投入资金共计 13.5 万元。12 月 26 日，小刘发现本金与利息并未到账。联系客服后，客服表示，需要充值进行所谓的“保险报备”（购买保险防止经济损失），金额等于累计投资金额的 20%。此时小刘已有所警惕，质问客服为何没有按合同先返还利息与本金。客服反复强调只要充值“保险报备”就会正常。小刘意识到自己可能被骗了，此后却无法再联系到客服。

2. 以投资二手车众筹为诱饵骗取钱财

2020 年 3 月至 4 月，邓某等人在网上设置“摩芋汽车众筹平台”，并虚构该平台是某汽车有限服务公司旗下的一个二手车交易平台，让投资人对公司定价的二手车进行众筹，将高于定价卖出的利润按投资比例分给投资人。

在此期间，邓某等人冒用他人身份信息注册微信账号，并引诱微信好友成为众筹平台会员，参与投资、提现和分红。随着参与众筹人员的增多，投入资金累积到一定金额，邓某等人则关闭平台服务器，使投资者无法登录平台提现。截至 2020 年 4 月 17 日，邓某等人共骗取 37 名被害人共计人民币 110 万余元。

法院审理后认为，邓某等人以非法占有为目的，采取虚构事实、隐瞒真相等方式，利用电信网络引诱他人进行虚假二手车众筹投资，骗取他人财物，数额特别巨大，其行为均已构成诈骗罪。

专家建议

在投资参与众筹项目时，务必认真对项目进行考察和分析，不要被网络广告和众筹商品的低价所迷惑，一定要对产品本身进行全面细致的了解，并仔细研读平台的售后条款，一旦陷入骗局，可向公安部门报案。

此外，要将众筹平台的页面截图保存好，一旦商家跑路，也可追究平台责任。

40. 如何辨别“杀猪盘”骗局?

话术：“我不方便视频。”“我的银行卡冻结了，先转我××元，之后还你。”“我在用手机赚外快。”“我知道系统漏洞，所以稳赚不赔。”“拿死工资根本存不到钱，我带你一起赚大钱。”“我能骗你什么？我只是单纯地为你好。”“为了我们的将来，拼一把吧。”“不行就网贷，再投一把就能翻身了。”“只要能筹资解冻账户，我们还是能够获得利润。”“你根本就不信任我，我们还是分手吧。”“记得把我们的聊天记录删掉。”

“杀猪盘”是一个网络词汇，指的是诈骗分子通过网络渠道来结交朋友，获取一定信任后诱导受害者进行投资赌博的电信诈骗。“杀猪盘”，从字面来看，就是一种放长线钓大鱼的模式，即诈骗分子先认识受害人，经过长期的诱导改变，最终让受害人“上钩”。

“杀猪”具体分为如下五个步骤：

第一步，“寻猪”，通过各种渠道寻找目标。直接通过微信搜索好友（广撒网），或在其他平台用尽方法及话术请求加受害人为微信好友。

第二步，“诱猪”，利用虚拟网络打造高端人设。骗子惯用的人设多为青年企业家，爱豪车、爱生活，更爱投资理财。朋友圈经常发高颜值靓照、高品质生活以及高端聚会。

第三步，随时随地提供高情绪价值。初期，骗子会利用嘘寒问暖、甜言蜜语，让受害人身陷“热恋”，取得受害人的信任之后，通过放长线钓大鱼的聊天技巧获取受害人的隐私，掌握受害人的财产概况，伺机问受害人对投资有没有兴趣，潜移默化地用各种话术逼受害人就范。

第四步，“养猪”，舍小钱套大钱，把“猪”喂肥。当受害人尝到甜头之后，骗子会声称自己已经掌握了这个投资规律，只要跟着他（她），稳赚不赔。这时，受害人已经深信不疑，便往平台里面大量投钱，直到提现提不出来。

第五步，“杀猪”，完美“恋人”消失匿迹，人间蒸发。

以案说法

1. 以谈恋爱为手段，引诱受害人参与虚假博彩骗取钱财

2020 年 7 月下旬，刘某洪通过杨某娟等人（另案处理）组织介绍，从云南省普洱市中缅边境一非法通道偷渡至缅甸，随即加入当地电信网络诈骗集团。

该诈骗集团人员众多（数十人）、组织架构清晰（主要分为老板、总监、组长、代理、组员等）、分工明确（分小组、流水化作案）、内部管理严格（集中吃住），主要运用虚拟彩票投注平台实施“杀猪盘”类诈骗，即成员通过“陌陌”“SOUL”等社交软件、婚恋交友平台寻找“猎物”，培养感情建立信任后，诱导“猎物”在“奥斯”“众上彩票”等虚假博彩 APP 中进行投资。刘某洪被编入基层诈骗小组，与同小组王某川、杨某娟等人负责包装虚假身份、筛选目标受害人、聊天骗取“客户”信任等诈骗前端事务。

2020 年 11 月，刘某洪与集团成员于某相配合，共同诱骗江

苏省南京市于某雯向“众上彩票”平台分 25 次转账合计人民币 125 万元，刘某洪本人从中分得提成约人民币 8 万元。

2. 以虚假恋爱为手段，引诱被受害人投资骗取钱财

2018 年 6 月，陈某伙同他人套牌搭建了 FXDD 外汇投资平台，纠集宋某琦等人作为代理商，对外虚构该平台系正规平台、大量交易可获利的信息，诱骗被害人向平台转入资金。该投资平台实行资盘分离，被害人资金并未进入真实交易市场，而是由陈某转移、控制、支配。陈某与代理商约定，以客户资金亏损数额为分成依据。

2018 年 7 月起，宋某琦在河南省许昌市购置计算机、租赁民房作为诈骗场所，招募郭某辉、卢某、胡某波等人作为业务员，以婚恋网站女性会员为目标，实施诈骗。宋某琦安排业务员，使用虚假的身份信息，冒用他人头像，包装为投资经验丰富的中年成功男士，在某知名婚恋网站上搭识许某某等 3 名有经济实力的单身中年女性。业务员通过事先培训的话术与被害人建立虚假恋爱关系，骗取感情信任后，宣称自己是投资高手，有好的投资渠道，能够指导被害人投资快速赚钱，引诱被害人向陈某搭建的 FXDD 平台投资，并通过鼓励追加投资、代为操作等方式致其账面亏损，营造投资损失假象，以掩饰资金已被非法占有并分赃的事实，共计诈骗人民币 774 万余元。此外，陈某还通过其他代理商诈骗 43 名被害人资金，合计人民币 534 万余元。

法院经审理，以诈骗罪分别判处陈某、宋某琦、郭某辉、卢某、胡某波等 5 名被告人 5 年 6 个月至 12 年不等有期徒刑，并处罚金。

3. 始于网恋，终于诈骗——一名被害人的独白

我叫小静，安徽人，1990年出生，长相中等偏上，单身，身边不乏追求者，在上海世界500强公司上班，白领生活状态，会安排国内外旅游，有一些存款。因为自身条件不错，工作环境比较光鲜，所以本人很高傲，看不上那些长相平平、踏实努力的追求者。但是步入30岁以后，父母催婚的劲头愈加猛烈，而身边朋友给我介绍优质异性的次数却变少了，我也明白年龄对女性婚恋的重要影响，这些无形中都让我有了恨嫁的焦虑。

一天，我在某社交软件浏览博主帖子，这是一个叫Mr. 李的征婚帖，照片里是一个高大帅气的男生，介绍自己生于1988年，单身，有房有车，会做饭，会生活，寻一位善良、踏实的女孩结婚，言语表达很真切。我就在他的帖子下面留言，然后我有点心动地给他发私信，想认识一下他。

他告诉我他叫李某阳，在广东深圳。我感觉距离太远，不太现实，所以说了一句：太远了，抱歉，打扰了。他说："如果两个人感情很好的话，都愿意去对方的城市陪伴。""距离不是问题，心与心的距离更重要。"我说："我暂时没有想更换城市的想法，果然还是没遇到对的人。"后面他也就没有再说话了。

次日下午工作收尾，我又逛起了前一天登录的社交网站，看到了和他聊天的记录，想到他的自我介绍，我心里对他还是挺有好感的，所以我又主动找了他，发了一个尴尬的表情。他回复我说："这不能怪我啊，你把话都说了。"我说："你好记仇。"并和他聊了起来，我和他说，我今年因为工作调动，差点去了广州。然后就一起聊双方是哪里人，做什么工作，平时的兴趣爱好等一些情况。他告诉我说他是做外贸的，经常来上海出差，

平时喜欢健身、游泳、打羽毛球、打高尔夫球，喜欢自驾游，休息在家研究美食，看电影、看书、听音乐，看财经新闻、研究数字货币市场波动等，听了他说的这些，一时间我感觉一切都是这么美好。

他的介绍一度让我觉得有些自卑，因为我是自考华东理工大学商务管理本科，虽然在一家 500 强企业工作，但只是普通职员。跟他聊天让我觉得自己遇到这样优秀的人，就是上天对我的恩赐。我们连续聊了好几天，他说既然我们要进一步互相了解，就要加一下双方的私人联系方式。我说用这个社交软件或者微信就挺好，他以社交软件看得少为由，多次引导我添加他的私人联系方式“安司密信”。后来在他的引导怂恿下，我下载并注册了“安司密信”，把我的密信账号给了他，他加了我，之后我的社交平台的账号就被封号了。我也没太在意，以为是自己说了要加私人联系方式等违规话语被封了。所以我们转战到“安司密信”上聊天，一开始我们还是在上面分享每日的日常，他发了平时做饭的照片、去商场买衣服的照片。

后来我渐渐习惯了每天有他的生活，每天下班后和他聊天成了我最期待的事情，我们彼此无话不谈又朦朦胧胧的感觉像极了恋爱中的情侣。有时我甚至在想：这个人是不是就是我的 Mr. Right？后来在聊天中，他告诉我他每天都在一个平台投资理财，每天都会有额外收益，一开始我没有在意。后来，他每天都告诉我今天又盈利了多少，说我是他的幸运女神，自从认识了我每天都小有收获。他兴奋又充满期待地说以后见面要用这些钱带我去吃特色美食、开车自驾游，去体验不同的生活。这些都让我下班后的时光过得既快乐又甜蜜，我甚至一度幻想起了未来和他共同旅行的画面。

随着时间的积累，他跟我说了很多以前的事情，不变的是每天都会告诉我他的收益有多好，并且和我说这是他舅舅带他做的，已经做了两年多，让他脱离了原来的苦日子。他还和我分享他的情伤史，说他被前女友劈腿，空窗期 4 年，一心扑在工作上，跟着舅舅学习金融经济数据分析。这些聊天的内容让我觉得他是个很重情义而且很上进的人。后面他说要来上海看我，还定了从深圳到上海虹桥的航班。

我每天沉浸在他的甜言蜜语里，渐渐的他说什么我都相信。然后，在来看我的前几天，他让我往他平时投资的平台充值 520 元，说因为快到七夕节了，这个数额象征着我们的爱情。他说要带我做投资，我有点抵触情绪，不想弄这些。他就有点着急，生气地说："我李某阳，连 520 元都不值得你信任吗?"我连忙和他解释说不是的，我只是不懂这些，所以不想做不擅长的事情。最后我想了想，既然信任他，拿 520 元试试水也未尝不可。于是我到他给我发的 XM 平台进行了充值，转账时我的银行卡提示对方账户存在风险。但是我当时已经沉浸在他营造的爱情美梦中，没有特别注意。第二天晚上，他又开始叫我转账充值搞理财收益，并且一再跟我说这个平台是他舅舅介绍给他的，他舅舅是华尔街的金融专家，现在回国在深圳兴业银行做银行高管。所以让我千万不要告诉其他人我们在做这个，不能给舅舅添麻烦。他还告诉我他舅舅教他金融知识，说了哈希函数、凯利公式等一些经济投资的专业术语。这些分享让我更加相信他了。

后面跟着他在这个平台做投资，果真每天都能有一部分收益，慢慢地我从投资 500 元增加投资到 5 万元，每次我都能很顺利地将盈利提现。后来我跟他商量后又投资了一笔10万元。我跟着他完成操作后，他说舅舅给他带来好消息，现在平台有个VIP充值高额返利的活动，最低档38万元返1.8万元，加上舅舅带着我们做规划交易，收益率可以达30%~40%。但这时我已经没有可流转的资金了，就不想参加了。他说钱不是问题，让我先去投资平台问客服，先把名额占了，钱的事情他帮我一起想办法，我就听信了他的话。接着我去投资平台找客服领了38万VIP活动，客服告诉我说保留48小时后要完成平台充值。我和李某阳说我现在没有这么多钱，李某阳建议我可以先用网上贷款，短暂借几天没有太多利息，我再次听信了他的话。就因为听信了李某阳的话，我们当天规划好的10万元也没有提现。李某阳帮我算了一下，我之前的10万元本金和操作规划收益7万~8万元，共计17万~18万元再加上充值的38万元和平台赠送的礼金，我的平台余额到了57万元。听到这个数字的时候，我内心竟对李某阳有了除爱慕以外的崇拜和依赖。想到马上就能见到李某阳，我的内心充满了期待。但到了李某阳预定来看我的那天，他发信息说暂时不能过来了，因为他舅舅说近期交易会走到巅峰，这个机会很难得，错过这次机会，会少赚至少20%的收益。李某阳说他把机票改签到一周之后，这次巅峰期交易完成后，他立马飞来见我，弥补没有和我一起过节的遗憾。

之后，李某阳拉了个群，把那个号称他舅舅的人和我放在一个群里，方便我们沟通。他舅舅进来的第一句话就问我目前账户余额是多少。我报了我的余额是571064元，李某阳把他的账户余额截图发到了群里，他的余额是1921664元。然后他舅舅说："小静余额怎么那么少，你们都没有准备备用金吗?""不是和你说过，走势达到巅峰的时候有利也有弊，收益会高很多，但是很容易遇见长龙，没有备用金会跟不上，会全部亏损的。”“讲了很多次了，你的余额备到250万元，小静的余额备到110万元，你们两个商量一下，准备一下，小阳我这边还有几十万，等下发卡号给我我先转给你，你们备用金达到了就来找我，然后去打交易量盈利。”

听完这些，我和李某阳说，我没有可以借的了。他说如果没有钱可以入，我们之前交的金额就不能提现。我说我们不跟舅舅做这个大规划，做小额的规划，然后把钱再提出来。这个时候，李某阳就用“我们现在不是玩，我们是要跟着规划做收益的”等各种说辞推托。我当时一心只想赶紧把钱取出来，他就一直不断地给我灌输，要把钱取出来一定要先充钱，听他一直重复这些，我就信了他的话。然后我们又开始凑钱，各大借贷平台贷了40万元，小额贷款371297元，加上我和亲戚朋友借款262000元，其间他给我充值了20万元，终于凑足到1100064元。

那天李某阳很开心，他回去做了一碗红烧肉发了图片给我，并且说晚上他带我一起走交易量。晚上交易结束后，我的账户余额成了150万，这时我开始操作提现，提现后我就没有太关注。过了一会儿，李某阳告诉我还没有到账，查看平台提现被拒绝，就问我是不是也这样，我看了一下和他说的一样，然后我们各自咨询客服。客服说是因为我的投资账户出现了不同IP、不同银行卡的汇款问题，导致提现不了，需要缴纳账户余额的5%（75353.2元）才可恢复平台正常操作。听到客服这么说，我问李某阳为什么不提前问清楚不可以帮人代充值。他说他不知道，反正结局就是不给这个5%，钱是提不出来的。于是我们又回到了凑钱状态，我凑了4万元他凑了3.5万元，第二天中午我们操作入金，我担心平台又出幺蛾子，所以特意整理了一下问题，发给客服，还同步给了李某阳。

这个时候我还是深深地信赖李某阳，并没有怀疑他，只是担心平台。所以我想等他凑款转给我之后，我再入金4万元。但是他给我汇款的时候告诉我，他的账号被锁了，无法转账，还接到公安局电话说他涉嫌非法集资，要他去公安局录一下口供。我气得不行，但这个时候我就想赶紧把账户余额的100多万元提现出来，没想到他是骗我的，毕竟他那边凑250万元确实需要大量资金。然后他就去处理那个所谓的非法集资的事情了，我就自己想办法借钱，凑了3.5万元，甚至把我自己的生活费几百元都充入平台里，然后和客服再三确认，是不是充值完就可以正常提现。客服回复“是的”，我就开始操作入金了。入金之后我又再次和客服确认我是不是可以提现了，客服回复“是的”，我就开始操作提现。但是1个多小时过去了，我发现提现被拒绝了 。

我赶紧找客服，客服说我还需要再缴纳余额5%的意外所得税才可以正常提现。我就问她为什么不可以平台代扣代缴，客服说平台没法给客户代扣代缴，而且我的余额必须缴纳意外所得税之后才可支配。158万元的5%是7.9万元，这个时候我才醒悟过来我被骗了。我给李某阳打语音电话，他说他的非法集资的事情正发愁呢，让我给他时间处理，还说他会把房子和车子卖了来还债，但是要先把非法集资的事情解决了才能卖他名下的资产。我知道这是他推托的借口，然后我和他摊牌了，问他是不是骗子，联合平台和他那个所谓的舅舅骗我，但他不承认。

当天晚上，我在亲人的陪同下一起去公安局报了案，梳理转账记录，3 张银行卡共计转账 25 笔，被骗合计 103 万元。从警局回来之后，我打算把报警的事情告诉李某阳，这时才发现他已经将我的联系方式拉入黑名单，我再也无法联系到他。

专家建议

（1）“杀猪盘”式诈骗多发高发，社会危害大。以网络婚恋、交友为诱饵实施的虚假投资诈骗，俗称“杀猪盘”，已经成为电信网络诈骗犯罪的主要方式之一。犯罪分子为实现诈骗目的，招募人员在婚恋网站或使用即时通讯工具搭识被害人，通过将自己包装为成功男士或美貌女性，使用专门话术，骗取被害人感情信任、建立虚假恋爱关系，诱导、怂恿其到虚假交易平台大量投资，从而骗取钱财。当被害人察觉被骗或者已无钱可供诈骗后，犯罪分子即将被害人“拉黑”或关闭平台账号。与传统诈骗犯罪不同，“杀猪盘”式诈骗以感情为诱饵，迷惑性强，持续时间长，严重侵害被害人的财产安全，欺骗被害人感情，甚至可能造成被害人自杀等严重后果。

（2）切实提高防范意识，谨慎交友投资。单身男女在网络征婚交友中，要提高警觉性和防范意识，不要被网络爱情冲昏头脑，不轻信陌生人，不轻信花言巧语，认真核实对方真实身份。当对方提出带领自己投资时，要尤其慎重，投资前要充分了解平台资质、投资方式、投资对象、获利模式以及国家的相关法律政策，防止误入骗局。一旦发现被骗，要第一时间向公安机关报案，有利于对犯罪行为及时惩处。

法律直通车

《中华人民共和国刑法》

第二百六十六条　诈骗公私财物，数额较大的，处三年以下有期徒刑、拘役或者管制，并处或者单处罚金；数额巨大或者有其他严重情节的，处三年以上十年以下有期徒刑，并处罚金；数额特别巨大或者有其他特别严重情节的，处十年以上有期徒刑或者无期徒刑，并处罚金或者没收财产。本法另有规定的，依照规定。

第三章

电信网络诈骗案件的管辖、报案和立案

遭遇电信网络诈骗，哪些人可以报案？

依据《刑事诉讼法》第110条第1款的规定，任何单位和个人发现有犯罪事实或者犯罪嫌疑人，有权利也有义务向公安机关、人民检察院或者人民法院报案或者举报。

以案说法

李某因虚假投资理财被骗案

2021年10月15日，李某通过不法分子在互联网上所发布的虚假投资理财信息，添加微信好友，通过“杀猪盘”的方式被诱骗进入SABCT货币平台投资。

因其银行卡每日转账金额受限，李某次日遂和朋友张某一起去工商银行柜台办理转账。在等候期间，李某同另一名办理业务的孙某明闲聊关于投资理财事宜，现场等候办理的还有其他十余人。

后在柜台办理转账过程中，银行柜台工作人员发现该SABCT货币投资系不法分子为诈骗而成立的非法平台，并将该情况告知李某，李某因此未再进行转账。

在本案中，李某作为被害人，依法可以报案。除李某外，朋友张某、银行工作人员，以及包括孙某明在内的其他现场等候人员都有权利报案。除现场人员外，李某的亲友，甚至是陌生人，如果知道该犯罪线索，都有权利和义务报案。

专家建议

报案、举报或控告，不仅是公民的法定权利，亦是法律义务。对于电信网络诈骗犯罪，任何单位和个人都可以报案。如果当事人不能或者不方便报案，可以让亲友甚至包括陌生人在内的任何人报案、举报或控告。

2. 遭遇电信网络诈骗，可以向哪些单位报案？

依据《刑事诉讼法》第110条第2款的规定，被害人对侵犯其人身、财产权利的犯罪事实或者犯罪嫌疑人，有权向公安机关、人民检察院或者人民法院报案或者控告。

以案说法

1. 李某因虚假中奖信息被骗案

李某居住在北京市朝阳区，2016年6月，诈骗团伙向包括李某在内的不特定人员群发“奔跑吧兄弟”等节目的虚假中奖信息，诱骗李某登录“钓鱼网站”填写个人信息认领奖品，后以兑奖需要交纳保证金、公证费、税款等为由，骗取李某财物，再通过冒充律师、法院工作人员以李某未按要求交纳保证金或领取奖品构成违约为由，要求李某交纳手续费。

李某信以为真，先后向诈骗团伙转款7.65万元。后李某在湖南长沙出差期间得知受骗后，立即向长沙市公安局芙蓉区分局报案，该分局遂受案，经审查认为其不具有管辖权，后该分局将该案移送至有管辖权的广东省揭阳市公安局揭东区分局。

2. 朱某因"内幕交易"信息被骗案

2020年5月，朱某出资组建惠农现货交易平台，并与代理商勾结，先以可提供所谓的内幕交易信息为由，诱骗客户进入电子商务平台进行交易，后通过指令操盘手，采用抛单卖出或用虚拟资金购进产品的手段，控制产品大盘行情向客户期望走势相反的方向发展，通过虚假的产品行情变化，达到使被诱骗加入平台交易的客户亏损的目的。朱某有时也刻意在客户小额投资后，促其盈利，以骗其投入大额资金，牟取大额客损。朱某通过以虚拟资金操控交易平台的手段，共骗取客户资金215余万元。

其中一名被害人张某在发现被骗后，立即向当地检察院报案。检察院受理案件材料后，经过初步分析研判，认为本案有诈骗的嫌疑，遂将报案材料移送至当地有管辖权的公安机关，由公安机关进行立案侦查。

专家建议

公安机关、人民检察院或者人民法院对于报案，都应当接受。即便不属于自己管辖，也应当接受，然后移送主管机关处理，并且通知报案人。对于不属于自己管辖而又必须采取紧急措施的，受案单位应当先采取紧急措施，然后移送主管机关。

 被害人报案方式有哪些？是否可以匿名报案？

依据《刑事诉讼法》第 111 条的规定，报案可以用书面或者口头提出。接受口头报案的工作人员应当写成笔录，经宣读无误后，由报案人签名或者盖章。

公安机关、人民检察院或者人民法院应当保障报案人及其近亲属的安全。报案人如果不愿公开自己的姓名和报案、控告、举报的行为，公安机关、人民检察院或者人民法院应当为报案人保守秘密。

以案说法

1. 杨某被骗后以书面方式实名报案

2015 年下半年至 2016 年 6 月，杨某妤通过微信聊天工具与被害人苏某相识后，谎称名叫“文毅斌”，系已婚男性微商，并以恋爱为幌子，编造代购化妆品等商品、代理销售、代办签证、出国旅游、赠送礼物和车辆但需苏某先行垫付款项等虚假事由，先后作案 36 笔，骗取苏某人民币共计 273.257 万元。其中，2016 年 5 月至 6 月，杨某妤以赠送苏某玛莎拉蒂轿车但需苏某先行垫付款项为由，先后 18 次通过支付宝转账、银行卡汇款的方式，骗取苏某人民币共计 95.93 万元。

苏某发现被骗后，立即收集证据，并根据案件事实书写报案材料，向当地公安机关实名报案。

2. 梁某辰被骗后匿名报案

陈某伙同张某、姚某峰等人在湖北省武汉市成立了“武汉康伴益生科技有限公司”和“武汉益生康伴商贸有限公司”。陈某等人以合法公司为掩护，在武汉市江岸区和江汉区分别设立两个窝点，组织朱某娇、夏某禄、刘某等100余名团伙成员实施电信诈骗。

该团伙以“秦小姐的补肾方”“马氏中医补肾方”“吕柳荫膏滋团队”等为微信昵称，专门以患有男女生理疾病或脱发的人群为目标发布广告，由团伙成员假扮名医或医疗机构专业人员的亲属、学生，根据“话术剧本”对被害人进行“问诊”，以“指导老师”“健康顾问”名义与被害人沟通，取得信任后诱骗被害人购买不具有药品功效的保健品或食品。

自2016年6月16日至11月1日，陈某、姚某峰、张某组织该团伙成员共计诈骗被害人8945人，诈骗钱款1000余万元。

被害人梁某辰发现被骗后，立即向当地公安机关报案。梁某辰因年事已高，且不能独立书写报案材料，遂通过口头方式报案，并由公安机关制作报案笔录，经向梁某辰宣读无误后，由其本人签名确认。

该案的另一名被害人霍某某（青年演员），因担心该案件对其声誉、工作及生活产生负面影响，遂在报案时不愿公开自己的姓名，公安机关此时应当为报案人霍某某保守秘密。

专家建议

接受报案、控告、举报的工作人员，会向报案人、控告人、举报人说明诬告应负的法律责任。但是，只要不是捏造事实、伪造证据，即使控告、举报的事实有出入，甚至是错告的，也会与诬告严格予以区别。所以，在遭遇诈骗并进行报案、控告或举报时，只要不是捏造事实、伪造证据，就不用担心相关的风险和法律责任。此外，基于相关的法律保障，也不用担心因报案、控告、举报而引发本人及其近亲属的安全问题。

4. 遭遇网络诈骗，哪些公安机关可以立案侦查？

依据《最高人民法院、最高人民检察院、公安部关于办理电信网络诈骗等刑事案件适用法律若干问题的意见》第5条第1款的规定，电信网络诈骗犯罪案件一般由犯罪地公安机关立案侦查，如果由犯罪嫌疑人居住地公安机关立案侦查更为适宜的，可以由犯罪嫌疑人居住地公安机关立案侦查。犯罪地包括犯罪行为发生地和犯罪结果发生地。

以案说法

1. 张先生因购买老年保健品被骗案

张先生居住在北京市海淀区A街道，他在2021年4月25日接到关于购买老年保健品的诈骗电话，听信后，于次日在张先生单位（位于北京市朝阳区B街道）附近的工商银行通过银行转账的方式向对方支付保健品购买款8500元。后通过查询对方收款账号，发现该银行账户开户行所在地位于上海市浦东区C街道。

针对本案，张先生发现被骗后，可以向北京市海淀区A街道所在地公安机关（诈骗电话接收地）报案，也可以向北京市朝阳区B街道所在地公安机关（诈骗所得财物的实际转移地）报案，或可以向上海市浦东区C街道所在地公安机关（诈骗所得财物的实际取得地）报案。

2. 李女士因足球彩票推荐链接被骗案

李女士在出差入住酒店（位于北京市昌平区）期间，因工作需要临时使用酒店计算机办公。在打开她本人的电子邮箱时，看到一封由陌生人发出的足球彩票推荐链接。出于好奇，李女士打开链接后，购买了5000元彩票。在发现被骗后，李女士通过网络IP地址发现对方的计算机信息系统所在地位于南京市玄武区。

在此情况下，李女士既可以向北京市昌平区公安机关（电子邮件接受地）报案，也可以向南京市玄武区（犯罪嫌疑人使用的计算机信息系统所在地）公安机关报案。

专家建议

“犯罪行为发生地”包括用于电信网络诈骗犯罪的网站服务器所在地，网站建立者、管理者所在地，被侵害的计算机信息系统或其管理者所在地，犯罪嫌疑人、被害人使用的计算机信息系统所在地，诈骗电话、短信息、电子邮件等的拨打地、发送地、到达地、接受地，以及诈骗行为持续发生的实施地、预备地、开始地、途经地、结束地。

“犯罪结果发生地”包括被害人被骗时所在地，以及诈骗所得财物的实际取得地、藏匿地、转移地、使用地、销售地等。

在遭遇诈骗后，被害人可以就近向任何一家公安机关、人民法院、人民检察院报案。在司法实务中，为简化报案流程、提高报案效率、节约司法资源，一般向案发地或被害人的住所地、经常居住地的公安机关报案最为合适。

5. 除一般情况下的犯罪行为发生地和结果发生地外，电信网络诈骗犯罪地还包括哪些地方？

依据《最高人民法院、最高人民检察院、公安部关于办理电信网络诈骗等刑事案件适用法律若干问题的意见（二）》第1条的规定，电信网络诈骗犯罪地，除犯罪行为发生地和结果发生地外，还包括：

（1）用于犯罪活动的手机卡、流量卡、物联网卡的开立地、销售地、转移地、藏匿地；

（2）用于犯罪活动的信用卡的开立地、销售地、转移地、藏匿地、使用地以及资金交易对手资金交付和汇出地；

（3）用于犯罪活动的银行账户、非银行支付账户的开立地、销售地、使用地以及资金交易对手资金交付和汇出地；

（4）用于犯罪活动的即时通讯信息、广告推广信息的发送地、接受地、到达地；

（5）用于犯罪活动的“猫池”（Modem Pool）、GOIP 设备、多卡宝等硬件设备的销售地、入网地、藏匿地；

（6）用于犯罪活动的互联网账号的销售地、登录地。

以案说法

1. 倪某冒充证券公司客服人员诈骗案

2021 年 3 月至 5 月，倪某分别邀约、雇请徐某冲、程某、薛某帅、薛某奇、黄某等人共同从事电信网络诈骗活动。倪某以黄梅县某大酒店为窝点，先后安排徐某冲、黄某为一伙，程某、薛某帅、薛某奇三人为一伙，两个团伙，在该大酒店 519 房间、8316 房间和 8318 房间，以该房间为电信网络诈骗工作场所，并以 1.5 元/条的价格向徐某冲、程某、薛某帅、薛某奇、黄某等人出售“料”，即公民个人基本信息资料，包括公民的姓名、电话号码以及证券公司，徐某冲、程某、薛某帅、薛某奇、黄某等人以证券公司客服人员的虚假身份，通过逐个拨打电话的方式，使用专业诈骗话术，将倪某出售的信息人员拉入由倪某提供的虚假证券投资类股票微信群内，俗称“猪群”，再由事先安排好的，冒充的金牌讲师对被拉入微信群的人员进行诱骗投资诈骗，俗称“杀猪盘”。后致使被害人张某在北京市昌平区通过手机银行向徐某冲等人转账 3.5 万元。

本案中，徐某冲、程某等人用于犯罪活动的手机卡、流量卡系武汉市汉阳区开立购买。在此情况下，被害人张某不仅可以向北京市昌平区（犯罪结果地）或湖北省黄梅县（犯罪行为地）公安机关报案，也可以向徐某冲、程某等人所开立购买犯罪活动的手机卡、流量卡所在地武汉市汉阳区公安机关报案。

2. 陆某某提供银行卡协助诈骗案

2020 年 12 月 16 日，陆某某通过“蝙蝠”软件和自称“金辉”的男子联系。“金辉”提出由陆某某提供银行卡接收款项，将款项转账至指定账户并承诺给予好处费。陆某某便联系朋友何某要了何某名下尾数为2730的建行卡，于次日提供给了“金辉”。同日该建行卡被人用于网络电信诈骗活动，有多笔款项汇入，被害人陈某被骗7000元。

经查，何某名下尾数为2730的建行卡系在北京市大兴区建设银行开立，而被害人陈某通过手机银行向何某名下尾数为2730的建行卡转款地点系天津市和平区。在此情况下，被害人陈某、建行卡持卡人何某均可向北京市大兴区或天津市和平区公安机关报案。

3. 井某龙等人帮助架设、维护和运行多卡式语音网关设备诈骗案

2021年4月，井某龙、刘某龙明知他人实施电信网络诈骗犯罪，仍然在江苏省东海县牛山街道某公寓楼等地帮助架设、维护和运行多卡式语音网关设备（以下称GOIP设备）1台，其中井某龙负责直接通过“蝙蝠”聊天软件与上线“小桃子”（身份暂未确定）联系，并大量收购虚拟运营商170、165等号段手机卡实名认证后放入上述GOIP设备，帮助犯罪分子远程链接操控该网关设备拨打诈骗电话。刘某龙负责井某龙的外围服务工作，如买卡付款、取送快递包裹、在某公寓楼附近望风等。上线电信网络诈骗分子以一个卡槽正常运行每小时人民币200元左右的价格（以下币种均为人民币）支付报酬给井某龙，井某龙支付每天1000~3000元的“工资”给刘某龙。经不完全统计，上述网关设备的关联电信网络诈骗电话共涉及诈骗案件21起，诈骗金额共

计 200 万余元；井某龙从中获利共计 18 万余元，刘某龙获利 3 万余元。

经查，犯罪分子所使用 GOIP 设备，通过“蝙蝠”聊天软件发出的信息地在江苏省东海县牛山街道，而 21 名被害人所接收诈骗信息地点分属在北京市昌平区、上海市闵行区、亳州市谯城区等。在此情况下，各被害人在江苏省东海县（即时通讯信息发送地）或各被害人所在区（即时通讯信息接受地）均可报案。

专家建议

如遭遇电信网络诈骗，在选择报案机关时，不能仅关注犯罪行为地或结果地。基于该类犯罪所使用犯罪工具的科技性、手段的多样性、行为的关联性等特点，一般情况下，多地公安机关对该类案件均有管辖权，被害人此时可以基于就近或便利原则选择有管辖权的公安机关报案。

6. 电信网络诈骗报案的程序及手续是什么？

电信网络诈骗报案，在程序上一般包括受案、初查、决定立案或不予立案。报案手续一般包括报案人的身份证原件、复印件以及证据材料等。根据《公安机关办理刑事案件程序规定》第 169 条至第 171 条的规定，具体程序如下：

第一阶段：受案。

公安机关对于公民的报案都应当立即接受，问明情况，并制作笔录，经核对无误后，由报案人签名、捺指印。必要时，应当对受案过程录音录像。

公安机关对报案人提供的有关证据材料等应当登记，制作接受证据材料清单，由报案人签名，并妥善保管。必要时，应当拍照或者录音录像。

被害人报案，公安机关接受案件时，应当制作《受案登记表》和《受案回执》，并将《受案回执》交扭送人、报案人、控告人、举报人。扭送人、报案人、控告人、举报人无法取得联系或者拒绝接受回执的，应当在回执中注明。

简而言之，被害人只要去报案，公安机关须立即接受，制作《受案登记表》，并应当向报案人出具《受案回执》。对于报案人提供的有关证据材料等应当登记，制作接受证据材料清单。

第二阶段：初查。

对接受的案件，或者发现的犯罪线索，公安机关应当迅速进行审查。发现案件事实或者线索不明的，必要时，经办案部门负责人批准，可以进行调查核实。

第三阶段：决定立案或不予立案。

公安机关接受案件后，经审查，认为有犯罪事实需要追究刑事责任，且属于自己管辖的，经县级以上公安机关负责人批准，予以立案；认为没有犯罪事实，或者犯罪事实显著轻微不需要追究刑事责任，或者具有其他依法不追究刑事责任情形的，经县级以上公安机关负责人批准，不予立案。

对有控告人的案件，决定不予立案的，公安机关应当制作《不予立案通知书》，并在 3 日以内送达控告人。

决定不予立案后又发现新的事实或者证据，或者发现原认定事实错误，需要追究刑事责任的，应当及时立案处理。

以案说法

1. 邵某雄提供银行卡协助诈骗案

2014 年底，邵某雄受他人纠集，明知是通过电信诈骗活动收取的赃款，仍然从银行取出汇入上线指定的银行账户，并从中收取取款金额的 10%作为报酬。之后，邵某雄发展张某作为下线，向张某提供了数套银行卡，承诺支付取款金额的 5%作为报酬，同时要求张某继续发展多名下线参与取款。通过上述方式，邵某雄逐步形成了相对固定的上下线关系。自 2014 年 12 月至 2015 年 7 月，邵某雄参与作案 38 起，涉案金额 48.44 万元。2016 年 2 月，其中一名被害人张某琼到湖南省津市市公安局报案。

津市市公安局接受报案后，立即问明情况，制作笔录，经核对无误后，由张某琼签名、捺指印。公安机关并对张某琼提供的银行流水、微信聊天记录截图等证据材料予以登记，制作接受证据材料清单，由报案人签名。公安机关同时出具《受案登记表》和《受案回执》，并将《受案回执》交由张某琼签收。

津市市公安局受案后，迅速进行审查。认为有犯罪事实需要追究刑事责任，且属于本公安局管辖，经津市市公安局负责人批准，予以立案。

2. 黄某华虚构领取生育补贴诈骗案

2020 年 1 月至 4 月，黄某华组织黄某程等三人共同实施诈骗。谢某玲、黄某程作为“一线”，在掌握新生儿及父母基本信息的情况下，冒充卫生局工作人员，同新生儿父母电话联系，虚构领取生育补贴事由，并要求其联系“二线”黄某华。黄某华冒充财政局工作人员，指示被害人根据其语音提示通过 ATM 机操作，将钱款转账到其提供的银行账户内，共骗取黄某等 23 名被害人共计人民币 40.5 万元。

黄某发现被骗后，于 2020 年 5 月 13 日向公安机关报案。公安机关受案后，经初查认为，黄某未能提供转账银行流水证据而不能证明其所受损失，认为没有犯罪事实，公安机关负责人批准，于 2020 年 5 月 28 日决定不予立案，并制作《不予立案通知书》。2020 年 5 月 30 日，公安机关将该《不予立案通知书》送达黄某。

2020 年 7 月 15 日，另一名被害人章某向公安机关报案，且提供了银行流水、通话录音等证据。公安机关受理后，发现本案有新的事实和证据，原认定事实错误，需要追究黄某华等人的刑事责任，且属于本公安局管辖，经公安局负责人批准，决定立案。

专家建议

在遭遇诈骗后，务必全面及时收集证据，一般情况包括银行、微信、支付宝等转账流水，通话记录，通话录音，微信等聊天记录，短信息，上网历史记录等，并尽快向具有管辖权的就近公安机关报案。

报案时，应积极配合公安机关提供证据和制作笔录。案件受理后，可以根据《受理通知书》上面载明的案件查询信息进行跟踪。

7. 公安机关不予立案，该怎么办？

被害人在遭遇电信网络诈骗后，除了不知道去哪里报案这个困惑，在报案时，该类案件的特殊性也会导致证据的保留和取证有一定难度，进而使公安机关以民事纠纷或证据不足为由而不予立案。遇到这种情况时，该如何处理呢？

第一阶段：申请复议。

公安机关作出不予立案决定后，控告人如对不予立案决定不服，可以在收到《不予立案通知书》后7日以内向作出决定的公安机关申请复议；公安机关应当在收到复议申请后30日以内作出决定，并将决定书送达控告人。

第二阶段：申请复核。

控告人如对不予立案的复议决定仍不服，可以在收到复议决定书后7日以内向上一级公安机关申请复核；上一级公安机关应当在收到复核申请后30日以内作出决定。对上级公安机关撤销不予立案决定的，下级公安机关应当执行。

案情重大、复杂的，公安机关可以延长复议、复核时限，但是延长时限不得超过30日，并书面告知申请人。

第三阶段：立案监督申请。

如果公安机关不予立案，经申请复议或复核后，公安机关仍不予立案，被害人可持公安机关《不予立案决定书》向检察院申请立案监督。检察院经审查认为公安机关对应当立案侦查的案件而不立案侦查的，应当要求公安机关说明不立案的理由，检察院认为公安机关不立案理由不能成立的，应当书面通知公安机关立案，公安机关接到通知后应当立案。

以案说法

陈某亮出售网络游戏账号诈骗案

2021 年，陈某亮在盛大游戏网站注册了游戏账号，登录账号后，先查找他人出售游戏账号的信息，后与游戏账号出售者在网上洽谈交易事宜，并骗取他人信任。与此同时，陈某亮在盛大游戏网站复制用于支付款项的二维码，假冒“5173”网站客服，以出售游戏账号需交纳保证金为由，欺骗出售者通过扫描二维码向其支付保证金，后又以交易超时等各种理由，诱骗他人继续向其支付钱款。2021 年 12 月 17 日，被害人张某明被骗取 17.3 万元。

2021 年 12 月 17 日，张某明向北京市公安局东城分局报案，仅提供了微信扫码转账记录，而未有其他证据。北京市公安局东城分局受案后，经初查认为，张某明仅提交微信扫码转账记录，而未有其他证据佐证其被诈骗，不能排除双方基于经济往来而导致的民事纠纷，进而于 2021 年 12 月 22 日作出《不予立案决定书》，并于当日送达张某明。

2021 年 12 月 28 日，张某明向北京市公安局东城分局提出《刑事复议申请书》。北京市公安局东城分局经审查，于 2022 年 1 月 25 日作出《刑事复议决定书》维持原决定，并于同日送达张某明。

2022 年 2 月 1 日，张某明向北京市公安局提出《刑事复核申请书》。北京市公安局经审查，于 2022 年 2 月 27 日作出《刑事复核决定书》维持原决定，并于同日送达张某明。

2022 年 3 月 15 日，张某明向北京市东城区人民检察院申请立案监督，张某明向检察院补充提交了其与陈某亮之间的 QQ 聊天记录、通话录音等证据。东城区人民检察院经审查认为北京市公安局东城分局不立案理由不能成立，并书面通知北京市公安局东城分局立案，东城分局接到通知后当日立案。

专家建议

如果遇到公安机关不予立案，请务必坚持要求公安机关出具《不予立案决定书》，否则后续难以启动复议、复核以及检察院立案监督程序寻求救济。

此外，向公安机关提起复议或复核时，尽量不要同时向检察院提请立案监督，否则公安机关会不予受理复议、复核或依法终止刑事复议、复核程序。建议被害人先向公安机关申请复议或复核，在公安机关仍不予立案后，再向检察机关申请立案监督，否则会丧失复议、复核的权利救济机会。

8. 电信网络诈骗多少金额构成犯罪？

根据《最高人民法院、最高人民检察院、公安部关于办理电信网络诈骗等刑事案件适用法律若干问题的意见》第 2 条第 1 款的规定，利用电信网络技术手段实施诈骗，诈骗公私财物价值 3000 元以上，属于《刑法》第 266 条规定的“数额较大”，即电信网络诈骗 3000 元（含）以上即构成诈骗罪。

以案说法

李某冒充网店客服诈骗案

2022年5月，李某冒充网店客服，通过捡取的快递单所显示的人名及联系方式，先后给张某拨打电话和发送短信，谎称网店缺货，要给受害人张某退款，套取张某的银行卡号及支付密码等信息。在获取张某银行卡号及支付密码等信息后，李某立即通过手机银行转账的方式，向其家人银行卡转账3500元。

因李某通过网络诈骗的方式非法占有他人财产3500元，超过法定立案追诉金额3000元，最终，公安机关通过李某家人银行卡号信息找到李某，并以涉嫌诈骗罪对李某进行刑事立案侦查。

专家建议

如果被诈骗遭受损失在3000元（含）以上，要保留好证据，及时报案，公安机关会审查证据情况决定是否刑事立案。

如果诈骗的金额少于3000元，根据《治安管理处罚法》第49条的规定，实施诈骗者也是要受到行政处罚的：可处5日以上10日以下拘留，可以并处500元以下罚款；情节较重的，处10日以上15日以下拘留，可以并处1000元以下罚款。

9. 我国《刑法》对电信网络诈骗金额分为几档，分别如何处罚？

我国《刑法》第266条对电信网络诈骗金额及处罚分为三

档。同时，《最高人民法院、最高人民检察院、公安部关于办理电信网络诈骗等刑事案件适用法律若干问题的意见》对具体的金额作了规定：

电信诈骗金额在3000元以上，属于“数额较大”，处3年以下有期徒刑、拘役或者管制，并处或者单处罚金。

电信诈骗金额在3万元以上，属于“数额巨大”，处3年以上10年以下有期徒刑，并处罚金。

电信诈骗金额在50万元以上，属于“数额特别巨大”，处10年以上有期徒刑或者无期徒刑，并处罚金或者没收财产。

以案说法

1. 李某开设虚假购物网站诈骗案

2022年3月，李某为骗取他人财产，开设虚假购物网站，在受害者张某网络下单后，李某便称系统故障需重新激活，向张某发送虚假激活网址，让受害人填写个人信息。在获取张某的银行卡及密码在内的个人信息后，诈骗张某57.8万元。

张某报案后，公安机关予以立案，并通过网络地址将李某抓获。因本案诈骗金额超过50万元，属于“数额特别巨大”，检察院将李某批捕。在李某不具有自首、立功等减轻处罚情节的情况下，最终法院以诈骗罪判处李某有期徒刑11年，并处罚金5万元。

2. 张某冒充购物网站工作人员诈骗案

2022年3月，张某为骗取他人财物，冒充购物网站工作人员，联系被害人李某明，声称银行系统错误，谎称李某明被办理了分期付款等业务，诱骗李某明次日到南京市鼓楼区一处工商银行 ATM 机前处理，并使用英文界面代李某明具体操作。在操作过程中，张某利用李某明不懂英文界面内容，迅速将李某明卡中 37 万元转入自己卡中。

李某明回家后发现被骗，立即报警。公安机关通过银行卡号信息找到张某，并对其采取刑事拘留措施，后张某被检察院批准逮捕。因本案诈骗金额超过 37 万元，属于我国《刑法》所规定的“数额巨大”，最终，法院以诈骗罪判处张某有期徒刑 4 年 6 个月，并处罚金 3 万元。

3. 苏某发送短信及中奖链接诈骗案

苏某向张某山（67 岁）发送短信及链接，告知张某山因在某超市购物而中奖 25 万元，张某山信以为真。苏某告诉张某山，按照法律规定，在领取奖金前，需要提前支付个人所得税。

张某山于是按照苏某提示和要求的步骤，将“个人所得税”1.75 万元汇入苏某指定的账户。张某山汇款后，即与苏某失去联系，遂报警。公安机关立案后，苏某坦白犯罪事实，并积极退赃。

因本案诈骗金额超过 3000 元，属于我国《刑法》所规定的“数额较大”，法院最终以诈骗罪判处苏某拘役 4 个月，并处罚金 1 万元。

专家建议

涉案金额超过 3000 元，是电信网络诈骗犯罪的起刑点。

对不法分子而言，只要诈骗金额超过 3000 元（包括诈骗未遂），可判处 3 年以下有期徒刑、拘役或者管制。如果诈骗金额未超过 3000 元，是否就不承担法律责任了呢？其实不然，在此种情况下，公安机关可以根据《治安管理处罚法》对其采取罚款、行政拘留等治安管理处罚措施。

而对被害人而言，只要被诈骗金额超过 3000 元（包括诈骗未遂），即可向公安机关进行报案。因为不排除不法分子诈骗多人，其累计诈骗金额超过 3000 元。或者，即便其诈骗总金额未超过 3000 元，不法分子一样需要承担行政责任。

总之，不管诈骗金额多少，责任大小，都不能让任何不法分子逍遥法外。

10. 如果不法分子长期小额实施电信网络诈骗，是否构成犯罪，如何处理？

根据《最高人民法院、最高人民检察院、公安部关于办理电信网络诈骗等刑事案件适用法律若干问题的意见》第 2 条第 1 款的规定，两年内多次实施电信网络诈骗未经处理，诈骗数额累计计算构成犯罪的，应当依法定罪处罚。

以案说法

1. 蔡其琪虚构亲友遭遇车祸诈骗案

自 2020 年 3 月至 2022 年 4 月，蔡某琪先后 7 次通过打电话的方式联系闻某可、李某琴等多名被害人，均谎称被害人亲友遭遇车祸，需要紧急处理交通事故，并需要及时交纳住院费用，由此先后让6名被害人转账共计1.57万元。每名被害人向蔡某琪转账分别为2000元至2800元不等，后该6名被害人均向公安机关报案。

法院经查明认定，每名被害人向蔡某琪转账金额虽均未超过立案追诉标准3000元，但蔡某琪在两年期限内多次诈骗且均未处理，应按照其在两年内6次实施电信网络诈骗数额累计计算，即蔡某琪电信网络诈骗金额为1.57万元，超过我国《刑法》所规定的“数额较大”3000元。最终法院以诈骗罪判处蔡某琪有期徒刑1年6个月。

2. 蒙某某发布虚假批发家具信息诈骗案

2020年3月9日至7月21日，蒙某某通过网络发布虚假批发家具信息，先后骗取被害人毛某某、潘某甲、高某某等人人民币26790元，具体犯罪事实分述如下：

（1）2020年3月9日，蒙某某发布虚假家具批发信息，并制作虚假物流托运单，骗取被害人毛某某人民币2380元。

（2）2020年4月3日，蒙某某发布虚假家具批发信息，并制作虚假物流托运单，骗取被害人潘某甲人民币2160元。

（3）2020年4月18日，蒙某某发布虚假家具批发信息，并制作虚假物流托运单，骗取被害人高某某人民币4730元。

（4）2020年4月25日，蒙某某发布虚假家具批发信息，并制作虚假物流托运单，骗取被害人赵某某人民币11000元。

（5）2020年7月21日，蒙某某发布虚假家具批发信息，并制作虚假物流托运单，骗取被害人潘某乙人民币6520元。

法院经审理认为，蒙某某犯诈骗罪，判处有期徒刑1年6个月，并处罚金3万元；责令蒙某某退赔被害人经济损失；对扣押在案的手机一部、银行卡一张予以没收。

3. 高某裕情感诈骗案

2019年3月30日至2020年7月，高某裕通过“探探”APP认识被害人林某，并使用微信添加林某为好友。高某裕使用暧昧话术与林某聊天，让林某误认为双方有发展的可能，在取得林某的信任后，编造“母亲得肺病抢救需要用钱”“给母亲做坟”“自己得肺病治疗需要钱”“女儿死掉做后事需要钱”等理由，骗取林某通过微信向其转账共计人民币235904元。

2019年5月，高某裕使用微信通过“附近的人”功能添加被害人杨某为好友。高某裕谎称自己系大田县某村的已婚女性，与自己的丈夫感情破裂，通过暧昧的话术和女性图片骗取杨某的信任后，高某裕编造“小孩生病需要医药费”“丈夫和人打架需要赔偿费”“丈夫喝农药需要医疗费”“自己被丈夫殴打需要医药费”“还银行贷款”等理由，骗取杨某通过微信向其转账共计人民币145243.12元。

2020年6月，高某裕通过抖音平台认识被害人余某，高某裕谎称自己系离异女性，并用微信添加余某为好友。高某裕通过使用暧昧的话术和编造自身不幸遭遇来骗取余某的信任后，编造“前夫找我要钱”“还支付宝贷款需要钱”“女儿需要生活费”等理由，骗取余某通过支付宝向其转账共计人民币1.2万元。

2020年6月至7月，高某裕通过抖音平台及“陌陌”APP认识被害人罗某、陈某，又先后通过同样的骗术，骗取罗某、陈某通过微信向其转账1500元、261.66元。

2020 年 7 月 27 日，高某裕在大田县某大厦被大田县公安局民警抓获。

高某裕以非法占有为目的，采用虚构事实，隐瞒真相的方法，利用电信网络技术手段多次骗取他人财物共计人民币 394908.78 元，数额巨大，其行为已构成诈骗罪。法院最终判决高某裕犯诈骗罪，判处有期徒刑 9 年 6 个月，并处罚金 4 万元；继续追缴高某裕未退赃款人民币 394908.78 元。

专家建议

只要遭遇了电信网络诈骗，不管被骗多少金额，都要及时报案，因为不排除不法分子实施多起诈骗。只要不法分子在两年内多次实施电信网络诈骗，诈骗金额累计计算。一方面，如果不法分子诈骗多人，诈骗金额累计超过 3000 元，就会被刑事立案。另一方面，即便不法分子的诈骗金额不足 3000 元不能对其刑事立案，公安机关依法也可以对其进行行政拘留、罚款等行政处罚，不法分子一样难逃法网。

11. 实施网络电信诈骗的哪些情形需要从重处罚？

不法分子实施网络电信诈骗，如果造成被害人或其近亲属自杀、死亡或者精神失常等严重后果，或者冒充国家机关工作人员实施诈骗，在境外实施电信网络诈骗，以及诈骗残疾人、老年人、未成年人、在校学生、丧失劳动能力人的财物，或者诈骗重病患者及其亲属财物等情形，应依法酌情从重处罚。

以案说法

1. 方某电话营销高息理财诈骗致人自杀案

李某英今年 62 岁，在老伴不知情的情况下，听信方某电话营销高息理财的诱惑，将老两口多年的积蓄 53.8 万元，委托方某购买理财产品。转款后才发现被骗，遂报警。

公安机关依法立案，并将方某刑事拘留。经查证，方某骗取李某英 53.8 万元后，立即偿还赌资 39 万元，剩余的钱款亦因赌博被全部输光，导致赃款无法追回。

李某英知悉被骗钱款无法追回后，一方面觉得以后的生活没着落，另一方面担心老伴责怪以及子女埋怨，于是喝药自杀。

因方某电信网络诈骗金额为 53.8 万元，超过我国《刑法》所规定的“数额特别巨大”50 万元，并造成被害人李某英自杀的严重法律后果，最终法院以诈骗罪从重判处方某有期徒刑 14 年 6 个月，并处罚金。

2. 张某虚构网络贷款诈骗致人自杀案

自 2019 年 2 月至 6 月，张某伙同吕某开（另案处理）等人在缅甸掸邦北部木姐市，同时设立“姜子牙组”“小凯组”“阿雄组”“蘑菇组”等多个“枪手组”和“拉手组”，利用电话、QQ 等工具，冒充网络贷款平台客服人员，虚构办理网络贷款的事实，以缴纳“认证金”“包装费”等为由骗取他人财物。其中张某系该诈骗团伙负责人之一，涉案金额共计人民币 1187553 元。

2019 年 3 月 20 日至 3 月 21 日，该组织成员冒充贷款公司客服人员从被害人俞某处骗得人民币 3.2 万元。被害人俞某发现被骗后于2011年3月27日自杀，因抢救及时自杀未果。

法院经审理认为，张某以非法占有为目的，虚构事实，利用电话、网络等电信技术手段骗取他人财物，其中张某骗取他人财物数额特别巨大。张某组织、指挥电信网络诈骗团伙，酌情从重处罚；以张某为主要负责人之一的诈骗团伙造成被害人自杀（因抢救及时自杀未果），酌情对张某从重处罚。张某犯诈骗罪，判处有期徒刑14年，并处罚金30万元。

3. 李某冒充国家机关工作人员诈骗案

李某冒充公安机关工作人员，电话联系被害人梁某，告知梁某其个人身份信息被盗用，由此涉嫌犯罪，要求梁某将名下所有银行卡内资金全部转入公安机关指定账户以配合调查。

梁某信以为真，遂配合李某将自己名下4张银行卡中共计35.7万元，全部转入李某指定的账户。李某告诉梁某，公安机关办案大概需要1个月，期满后，在确定李某卡内的资金与案件无关后，会全部返还。

一个半月后，梁某发现资金仍未返还，遂联系李某询问情况，此时发现李某失联，遂报案。

公安机关立案后，将李某刑事拘留，后被检察院批准逮捕。李某电信网络诈骗金额为35.7万元，超过我国《刑法》所规定的“数额巨大”3万元，虽不满“数额特别巨大”50万元，但李某系以冒充国家机关工作人员实施诈骗，最终法院以诈骗罪从重判处李某有期徒刑7年6个月，并处罚金。

4. 符某山等诈骗老人案

2018年底至2020年3月，符某山、万某启等人谎称自己是财政部领导、国务院扶贫办主任、国务院秘书等机关的工作人员，以国家要发放扶贫款项给被害人刘某（出生于1948年9月14日）、姜某等人或发放的扶贫款被冻结为由，要求刘某、姜某先交纳手续费、转账费、保证金等相关费用到其指定的账户。最终，刘某被骗取358970元，姜某被骗取107200元。

法院经审理认为，符某山、万某启以非法占有为目的，虚构事实，合伙骗取他人财物，数额巨大，其行为构成诈骗罪。符某山、万某启冒充国家机关工作人员实施诈骗，且犯罪对象有70周岁以上的老年人，酌情从重处罚。最终法院以诈骗罪判处符某山有期徒刑9年，并处罚金8万元；判处万某启有期徒刑9年，并处罚金8万元。

5. 李某境外实施电信网络诈骗案

李某是常年居住在缅甸的华人男子，将自己伪装成“白富美”，并通过网恋方式骗取被害人姚某奇的信任。3个月后，两人关系迅速升温，李某以家人病重急需支付医药费为由，博得姚某奇的同情，并答应在其家人病愈后，双方即订婚并拜见双方父母。姚某奇深陷感情旋涡，在一个月内先后3次向李某转款26万元。

后李某因其他犯罪行为在入境时被公安机关抓获，在公安机关讯问时，李某主动交代自己网络诈骗姚某奇的犯罪事实。在公安机关联系姚某奇时，其才发现被骗。

李某电信网络诈骗金额为26万元，超过我国《刑法》所规定的“数额巨大”3万元，虽不满“数额特别巨大”50万元，但李某在境外实施电信网络诈骗，最终法院以诈骗罪从重判处李某有期徒刑5年6个月，并处罚金。

6. 周某诈骗重病患者案

2022年3月，李某耀因在工地施工，从脚手架高处坠落，导致脊椎严重受损，下半身瘫痪，由此在北京市朝阳区一家三甲医院治疗。治疗期间，李某耀收到陌生人散发的名片，名片上留有偏方专家名医的联系电话。

李某耀抱着试试看的心理打通电话，接电话人员周某告诉李某耀，他认识一位老中医，通过偏方可以治愈其脊椎疾病，并能恢复如初，但需要李某耀支付介绍费、预约费及诊断定金5万元。李某耀治病心切，轻信周某，随即向周某转款5万元。后周某在收取李某耀5万元后失踪，李某耀遂报案。

公安机关立案后，将周某抓获，后被检察院批准逮捕。周某电信网络诈骗金额为5万元，超过我国《刑法》所规定的“数额巨大”3万元，虽不满“数额特别巨大”50万元，但周某所诈骗对象是残疾人、重病患者，最终法院以诈骗罪从重判处周某有期徒刑4年6个月，并处罚金8万元。

7. 刘某诈骗残疾人案

2019年5月10日，刘某使用昵称为“肖某”的微信，添加被害人李某为微信好友，并以女性身份与李某在微信中聊天，在聊天过程中得知李某是残疾人。为骗取李某信任，刘某让黄某院帮忙发送语音消息以证实“肖某”的女性身份。李某与“肖某”

在微信上确定男女朋友关系后，“肖某”先后以自己生病、父亲出事等为由让李某给他转钱，并让黄某院帮忙给李某的父亲打电话，谎称过段时间来找李某，进一步骗取李某信任后，又以需要路费、给见面礼等为由骗其转钱。5月12日至6月7日，刘某共计骗取李某微信转账48550元。其间，刘某从李某处骗得1500元后，将诈骗李某的事情告知罗某，并将其中1000元诈骗款通过微信转账给罗某，罗某提现后交给刘某。后刘某请罗某帮忙想诈骗李某的理由，并将自己想到的诈骗理由告知罗某，罗某表示可以。后刘某分多次将共计29600元诈骗款通过微信转账给罗某，罗某提现后交给刘某，刘某将诈骗所得用于购买传销公司产品及日常消费。

2019年6月1日至2日，黄某院在网上添加被害人杨某为微信好友，以去找杨某需要路费、住宿费为由，分两次诈骗杨某微信转账1400元。综上，刘某诈骗金额共计48550元，黄某院诈骗金额共计49950元，罗某诈骗金额共计29600元。

法院经审理认为，刘某、黄某院诈骗残疾人，可酌情从重处罚。刘某犯诈骗罪，判处有期徒刑3年9个月，并处罚金5000元；黄某院犯诈骗罪，判处有期徒刑3年，并处罚金4000元；罗某犯诈骗罪，判处有期徒刑2年8个月，并处罚金3000元。

8. 王某以募捐名义实施诈骗案

2021年9月至2022年3月，王某为骗取钱财，伪造自己重病的病例及诊断证明，通过录制短视频的方式，发布在各网络平台，博得众多网民的同情，同时公布自己的收款账户，希望大家能捐款为自己治病。后王某被人举报，公安机关由此立案侦查。

经公安机关取证查明，王某在此期间共筹集捐款37.35万元，其中25万元被其挥霍，剩余12.35万元，被公安机关冻结。

经法院依法审判，王某电信网络诈骗金额为37.35万元，超过我国《刑法》所规定的“数额巨大”3万元，虽不满“数额特别巨大”50万元，但王某以募捐名义实施网络诈骗，最终法院以诈骗罪从重判处王某有期徒刑7年，并处罚金。

9. 何某兵以慈善名义实施诈骗案

2018年10月底至2019年1月，何某兵经何某丽（另案处理）介绍加入“雄古”（另案处理）负责的诈骗公司，结伙在湖南省长沙市冒充女教师身份添加陌生人为微信好友，并通过聊天取得对方的信任，以帮山区学生买东西、过生日等理由骗取被害人微信红包、微信转账。具体事实如下：

（1）2018年12月26日至2019年1月，何某兵采用虚构女教师身份与对方微信聊天的方式，以给山区学生买蛋糕、自己过生日等为由，骗得被害人周某共计1452元。

（2）2018年12月23日至2019年1月，何某兵采用上述相同方式，以给山区学生购买生活用品、买机票回广州等为由，骗得被害人章某共计3348元。

（3）2018年12月25日至2019年1月，何某兵采用上述相同方式，以给山区学生购买生活用品等为由，骗得被害人何某共计9966元。

2019年3月1日，何某兵主动向公安机关投案，并如实供述了上述犯罪事实。

法院经审理认为，何某兵与同伙采用虚构事实、隐瞒真相的手段，骗取他人财物，数额较大，其行为已构成诈骗罪。何某兵以慈善名义实施电信网络诈骗犯罪，应酌情从重处罚；何某兵有自首和退赃情节，认罪认罚，可予以从轻处罚。何某兵犯诈骗罪，判处有期徒刑1年，并处罚金1万元。

10. 张某凡再次实施电信网络诈骗案

2021年7月，张某凡多次以优惠、打折、海外代购等为诱饵骗取他人钱财。在买家王某购买一款名牌包并付款3.6万元后，张某凡以“商品被海关扣下，要加缴关税”等理由要求王某继续付款。王某不同意继续付款，由此和张某凡继续沟通无果后要求退货。但此时张某凡已将王某微信拉黑，且未发货，从而实施诈骗。

王某报警后，公安机关迅速对张某凡采取刑事拘留措施。公安机关在办案过程中发现，张某凡在2013年曾因电信网络诈骗犯罪被判处有期徒刑1年8个月。

法院经审理认为，张某凡电信网络诈骗金额为3.6万元，超过我国《刑法》所规定的“数额巨大”3万元，虽不满“数额特别巨大”50万元，但张某凡因电信网络诈骗犯罪受过刑事处罚，最终法院以诈骗罪酌情从重判处张某凡有期徒刑4年，并处罚金。

11. 李某轩诈骗医疗物资案

李某轩因沉迷赌博需要资金。新冠病毒疫情期间，社会急需防护口罩，李某轩在没有口罩货源的情况下在微信朋友圈发布有口罩出售的虚假信息。2020年2月9日至20日，被害人李某甲、孔某、郑某、李某乙通过微信得知出售口罩的信息后向李某轩购买口罩，并通过微信及支付宝向其支付款项共计人民币 596105 元，其中，被害人孔某 188600 元、李某甲 205475 元、郑某 190750 元、李某乙 11280 元。李某轩收到款项后，并没有为被害人订购口罩，而是用于网络赌博。在被害人催发货后，李某轩以鸡爪替代口罩发货、提供虚假快递单号、在微信冒充货源上家与被害人周旋等方式拖延。由于迟迟未能交货，被害人要求退回款项，李某轩则以“拆东墙补西墙”的方式退还孔某 7 万元、李某甲 11 万元，余款 416105 元则全部用于网络赌博挥霍。

2020 年 2 月 20 日，李某轩到公安机关投案。

法院经审理认为，李某轩以非法占有为目的，在明知自己并没有口罩货源的情况下，向被害人隐瞒该事实真相，骗取他人财物合计 416105 元，数额巨大，其行为构成诈骗罪。李某轩主动投案，并如实供述自己的罪行，是自首，依法对其从轻处罚。李某轩是初犯，可以酌情从轻处罚。李某轩在疫情期间采用电信网络诈骗手段诈骗医疗款物，社会影响恶劣，应酌情从重处罚。李某轩犯诈骗罪，判处有期徒刑 7 年，并处罚金 8 万元；责令李某轩退赔被害人孔某 118600 元、李某甲 95475 元、郑某 190750 元、李某乙 11280 元；随案移送的 Iphone 手机 1 部属作案工具，依法予以没收，存档备查。

专家建议

残疾人、老年人、未成年人、在校学生、丧失劳动能力人员，属于社会弱势群体，需要全社会予以帮助和关注。如果遭遇诈骗，会使这类人员个人及家庭的生活境遇更加艰难，甚至会攸关生命。

以赈灾、募捐等社会公益、慈善名义实施诈骗，或冒充司法机关等国家机关工作人员实施诈骗，以及造成被害人或其近亲属自杀、死亡或者精神失常结果的，则会严重影响社会公德及政府公信力，并造成严重的社会危害结果。

为此，对于以上诈骗行为，须进行重点和严厉打击。

法律直通车

《中华人民共和国刑事诉讼法》

第一百一十三条 人民检察院认为公安机关对应当立案侦查的案件而不立案侦查的，或者被害人认为公安机关对应当立案侦查的案件而不立案侦查，向人民检察院提出的，人民检察院应当要求公安机关说明不立案的理由。人民检察院认为公安机关不立案理由不能成立的，应当通知公安机关立案，公安机关接到通知后应当立案。

《最高人民法院、最高人民检察院、公安部关于办理电信网络诈骗等刑事案件适用法律若干问题的意见》

二、依法严惩电信网络诈骗犯罪

（一）根据《最高人民法院、最高人民检察院关于办理诈骗刑事案件具体应用法律若干问题的解释》第一条的规定，利用电信网络技术手段实施诈骗，诈骗公私财物价值三千元以上、三万元以上、五十万元以上的，应当分别认定为刑法第二百六十六条规定的“数额较大”“数额巨大”“数额特别巨大”。

二年内多次实施电信网络诈骗未经处理，诈骗数额累计计算构成犯罪的，应当依法定罪处罚。

（二）实施电信网络诈骗犯罪，达到相应数额标准，具有下列情形之一的，酌情从重处罚：

1. 造成被害人或其近亲属自杀、死亡或者精神失常等严重后果的；

2. 冒充司法机关等国家机关工作人员实施诈骗的；

3. 组织、指挥电信网络诈骗犯罪团伙的；

4. 在境外实施电信网络诈骗的；

5. 曾因电信网络诈骗犯罪受过刑事处罚或者二年内曾因电信网络诈骗受过行政处罚的；

6. 诈骗残疾人、老年人、未成年人、在校学生、丧失劳动能力人的财物，或者诈骗重病患者及其亲属财物的；

7. 诈骗救灾、抢险、防汛、优抚、扶贫、移民、救济、医疗等款物的；

8. 以赈灾、募捐等社会公益、慈善名义实施诈骗的；

9. 利用电话追呼系统等技术手段严重干扰公安机关等部门工作的；

10. 利用"钓鱼网站"链接、"木马"程序链接、网络渗透等隐蔽技术手段实施诈骗的。

……

五、依法确定案件管辖

（一）电信网络诈骗犯罪案件一般由犯罪地公安机关立案侦查，如果由犯罪嫌疑人居住地公安机关立案侦查更为适宜的，可以由犯罪嫌疑人居住地公安机关立案侦查。犯罪地包括犯罪行为发生地和犯罪结果发生地。

"犯罪行为发生地"包括用于电信网络诈骗犯罪的网站服务器所在地，网站建立者、管理者所在地，被侵害的计算机信息系统或其管理者所在地，犯罪嫌疑人、被害人使用的计算机信息系统所在地，诈骗电话、短信息、电子邮件等的拨打地、发送地、到达地、接受地，以及诈骗行为持续发生的实施地、预备地、开始地、途经地、结束地。

“犯罪结果发生地”包括被害人被骗时所在地，以及诈骗所得财物的实际取得地、藏匿地、转移地、使用地、销售地等。

（二）电信网络诈骗最初发现地公安机关侦办的案件，诈骗数额当时未达到“数额较大”标准，但后续累计达到“数额较大”标准，可由最初发现地公安机关立案侦查。

（三）具有下列情形之一的，有关公安机关可以在其职责范围内并案侦查：

1. 一人犯数罪的；

2. 共同犯罪的；

3. 共同犯罪的犯罪嫌疑人还实施其他犯罪的；

4. 多个犯罪嫌疑人实施的犯罪存在直接关联，并案处理有利于查明案件事实的。

（四）对因网络交易、技术支持、资金支付结算等关系形成多层级链条、跨区域的电信网络诈骗等犯罪案件，可由共同上级公安机关按照有利于查清犯罪事实、有利于诉讼的原则，指定有关公安机关立案侦查。

（五）多个公安机关都有权立案侦查的电信网络诈骗等犯罪案件，由最初受理的公安机关或者主要犯罪地公安机关立案侦查。有争议的，按照有利于查清犯罪事实、有利于诉讼的原则，协商解决。经协商无法达成一致的，由共同上级公安机关指定有关公安机关立案侦查。

（六）在境外实施的电信网络诈骗等犯罪案件，可由公安部按照有利于查清犯罪事实、有利于诉讼的原则，指定有关公安机关立案侦查。

（七）公安机关立案、并案侦查，或因有争议，由共同上级公安机关指定立案侦查的案件，需要提请批准逮捕、移送审查起诉、提起公诉的，由该公安机关所在地的人民检察院、人民法院受理。

对重大疑难复杂案件和境外案件，公安机关应在指定立案侦查前，向同级人民检察院、人民法院通报。

（八）已确定管辖的电信诈骗共同犯罪案件，在逃的犯罪嫌疑人归案后，一般由原管辖的公安机关、人民检察院、人民法院管辖。

《公安机关办理刑事案件程序规定》

第一百七十九条 控告人对不予立案决定不服的，可以在收到不予立案通知书后七日以内向作出决定的公安机关申请复议；公安机关应当在收到复议申请后三十日以内作出决定，并将决定书送达控告人。

控告人对不予立案的复议决定不服的，可以在收到复议决定书后七日以内向上一级公安机关申请复核；上一级公安机关应当在收到复核申请后三十日以内作出决定。对上级公安机关撤销不予立案决定的，下级公安机关应当执行。

第四章

电信网络诈骗的关联犯罪

电信网络诈骗的关联犯罪有哪些？

不法分子实施电信网络诈骗犯罪，一般构成诈骗罪。但如果不法分子在实施电信网络诈骗犯罪时非法使用“伪基站”“黑广播”，向他人出售或窃取公民个人信息，冒充国家机关工作人员，亦有可能构成其他犯罪。

基于不法分子实施的具体客观行为，结合其主观目的和犯罪动机，与电信网络诈骗相关联的犯罪一般为扰乱无线电通讯管理秩序罪，侵犯公民个人信息罪，招摇撞骗罪，妨害信用卡管理罪，掩饰、隐瞒犯罪所得、犯罪所得收益罪，拒不履行信息网络安全管理义务罪，非法利用信息网络罪，帮助信息网络犯罪活动罪，等等。

电信网络诈骗在何种情况下构成扰乱无线电通讯管理秩序罪？

在实施电信网络诈骗的活动中，不法分子如果擅自设置、使用无线电台（站），或者擅自占用频率，非法使用“伪基站”“黑广播”，干扰无线电通讯秩序，并造成严重后果，则需以扰乱无线电通讯管理秩序罪追究刑事责任。如果该行为同时构成诈骗罪，依照处罚较重的规定定罪处罚。

以案说法

1. 吴某使用“伪基站”扰乱无线电通讯管理秩序案

2016年12月14日14时许，吴某受雇于他人，驾驶车辆到佳木斯市市区内的百货大楼、中心医院、新玛特商场等地利用雇主提供的“伪基站”，对移动手机通信网络信号进行干扰，并非法占用其频率，与“伪基站”附近的移动手机用户强行建立连接并发送短信息，迫使用户手机与正常通信网络之间的连接中断，并使用“伪基站”设备向移动通信用户发送冒充“95533建设银行”虚假诈骗短信息。2016年12月14日14时许，公安机关在佳木斯市向阳区秋林公司附近将吴某抓获，并在车内搜出“伪基站”一台，及控制“伪基站”的手机一部。经黑龙江省无线电检测站鉴定，该设备属于“伪基站”设备。经中国移动通讯集团黑龙江有限公司佳木斯分公司网络部认定，2016年12月14日7时至15时，该“伪基站”影响移动用户为17281人。至案发时，吴某共获利人民币1500元。

法院经审理认为，吴某违反国家规定，擅自设置、使用无线电台（站）干扰无线电通讯管理秩序，情节严重，其行为已构成扰乱无线电通讯管理秩序罪。法院经审理认为，吴某犯扰乱无线电通讯管理秩序罪，判处有期徒刑8个月，并处罚金5000元。扣押的乐视IS手机一部、“伪基站”短信发射器一台、遥控钥匙一个予以没收，并由扣押部门销毁或上交国库。

需要注意的是，本案中吴某虽非法获利1500元，但因未达到诈骗罪的刑事立案标准3000元，不构成诈骗罪。如果吴某非法所得金额超过3000元，则本案将会以处罚较重的罪（诈骗罪）定罪处罚。

2. 李某洋发送虚假短信诈骗案

2019 年 7 月 8 日，李某洋、姜某驾驶轿车在长春市绿园区、南关区、朝阳区等地，使用车内装载的两套“伪基站”设备，为潘某力（另案处理）、QQ 昵称“开路虎砸死你”的上线发送诈骗网站链接短信息。其中姜某持有的黑色“伪基站”设备发送的诈骗短信内容为“您的支付宝账户存在风险，需实名认证，请于 24 小时内登录 m. i. jtpay. com 进行认证，否则账户将被冻结停止使用【支付宝】”，当天发送数量 36594 条；李某洋持有的白色“伪基站”设备发送的诈骗短信内容为“【腾讯科技】尊敬的用户您好：您的微信存在异常，请登录 www. weixapd. com 进行认证核实，24 小时内未认证将停用您的微信”，发送信息记录被销毁。

法院经审理认为，李某洋伙同姜某，利用“伪基站”设备发送诈骗短信 36594 条的行为同时构成了扰乱无线电通讯管理秩序罪和诈骗罪，根据本案犯罪情节对应的两罪法定刑幅度，诈骗罪处罚较重，应以诈骗罪对该二人定罪处罚。李某洋犯诈骗罪，判处有期徒刑 2 年 6 个月，并处罚金 5000 元；姜某犯诈骗罪，判处有期徒刑 2 年 6 个月，并处罚金 5000 元。

专家建议

不法分子扰乱无线电通讯管理秩序，主要是通过擅自设置、使用无线电台（站），非法使用“伪基站”“黑广播”，擅自占用频率。通过占用移动通信频率，局部截断通讯网络信号，然后冒充银行、机关单位或网络平台发送有诈骗内容的虚假短信息。

如果发现“伪基站”“黑广播”，或移动手机通信网络信号突然或经常受到干扰，以及收到异常短信息，可以及时报案。

3. 电信网络诈骗在何种情况下构成侵犯公民个人信息罪？

在实施电信网络诈骗的活动中，不法分子如果违反国家有关规定，向他人出售、提供、窃取或者以其他方法非法获取公民个人信息，则构成侵犯公民个人信息罪。侵犯公民个人信息，同时实施电信网络诈骗犯罪行为，构成数罪的，应当依法予以并罚。

以案说法

尹某都等诈骗和侵犯公民个人信息案

尹某都、欧某滇经预谋后于2019年7月至11月，通过微信多次购买公民个人信息1.5万余条，后用于拓展网上贷款业务及开展电信网络诈骗犯罪活动。

尹某都、欧某滇伙同他人经预谋后于2019年9月至11月，在湖南省洞口县进行电信网络诈骗，通过在微信上搭识被害人，谎称帮助被害人办理贷款骗取被害人信任，后以交纳手续费、加速费等为由诈骗多名被害人共计42504元。

法院经审理认为，尹某都、欧某滇均以其他方法非法获取公民个人信息，情节严重，并以非法占有为目的，采取虚构事实、隐瞒真相的电信网络手段骗取他人财物，数额巨大，其行为均已构成侵犯公民个人信息罪、诈骗罪，系共同犯罪，应依法分别予以惩处。在共同犯罪中，尹某都、欧某滇均系主犯，应当按照其所参与的全部犯罪处罚。尹某都、欧某滇犯有数罪，应予数罪并罚。

尹某都犯侵犯公民个人信息罪，判处有期徒刑10个月，并处罚金3000元；犯诈骗罪，判处有期徒刑3年1个月，并处罚金5000元，数罪并罚，决定执行有期徒刑3年6个月，并处罚金8000元。

欧某滇犯侵犯公民个人信息罪，判处有期徒刑8个月，并处罚金2000元；犯诈骗罪，判处有期徒刑3年，并处罚金5000元，数罪并罚，决定执行有期徒刑3年4个月，并处罚金7000元。

专家建议

公民个人信息，主要包括公民的姓名、身份证号码、通信联系方式、住址、行踪轨迹信息、通信内容、征信信息、财产信息、住宿信息、通信记录、健康生理信息、交易信息等。

侵犯公民个人信息罪经常与电信网络诈骗犯罪相交织。根据《最高人民法院、最高人民检察院、公安部关于依法惩处侵害公民个人信息犯罪活动的通知》第2条以及《最高人民法院、最高人民检察院、公安部关于办理电信网络诈骗等刑事案件适用法律若干问题的意见》第3条第2款第2项的规定，对使用非法获取的个人信息，实施其他犯罪行为，构成数罪的，应当依法予以并罚，而非择一重罪或者择一重罪从重论处。

此处需要为各位读者介绍一下：数罪并罚，是一个或多个犯罪行为触犯了两个以上罪名，此时需要对一人所触犯的这两个以上的罪名合并处罚。

择一重罪或者择一重罪从重论处，是指一个犯罪行为同时触犯两个罪名，在这种情况下，会依照处罚较重的规定定罪处罚，即仅选择一个处罚较重的罪名判处。

4. 电信网络诈骗在何种情况下构成招摇撞骗罪？

在实施电信网络诈骗的活动中，不法分子如果冒充国家机关工作人员实施电信网络诈骗犯罪，同时构成诈骗罪和招摇撞骗罪的，依照处罚较重的规定定罪处罚。

以案说法

1. 张某萍冒充军人招摇撞骗案

自 2015 年 6 月以来，张某萍多次出资参加“民族资产解冻”类诈骗项目，俗称“民族大业”，遭遇重大亏损。2017 年，湖北地区以张某萍等人为首的“改革大业”非法组织在各县市相继成立“道场”，以传播传统文化为名，在各区域组织人员定期上课学习，串联各地参加过“民族大业”的人员并发展大量对社会认知度较低、生活贫困的老年人 2000 余人。2019 年 10 月，张某萍对湖北省部分参与学习“改革大业”的人员进行统计，组建微信群，成立“山里红指挥部第九司令部（20）集团军（13）军”。张某萍自称受“李书记”任命为“军长”，下设三个师，一师师长孟某芳，二师师长黄某，三师师长徐某玉，并以此种方式对湖北省区域内各级代理分别以师长、团长、营长等军队职级进行任命，宣称大家是不穿军装的军人，属于国家暗中支持的组织，对各层级以军队编制，要求必须绝对服从军事化管理，要求各级积极推送京东 APP 资金支付二维码，所有参与人员通过京东 APP 支付 0.01 元，注册使用 163 邮箱进行通讯，上报本人简历、照片、参加“改革大业”的时间，形成了层级清晰组织严密的集团军（13）军。以为国家效力、国家暗中支持的名义，肆意拉拢人员，成立以建设轻钢别墅项目为主的“三盘天缘工程公司宜昌分公司”，宣称轻钢别墅项目是环保建房，不需要水泥砂浆。前期提供业务、技术培训，后期提供进货渠道，但进货需要先行垫付押金，意欲以轻钢别墅等虚假项目骗取财物。

法院经审理认为，张某萍冒充军人招摇撞骗，其行为同时构成招摇撞骗罪和诈骗罪，但因其诈骗未遂，依法应依照处罚较重的规定定罪处罚，故法院以招摇撞骗罪判处张某萍有期徒刑 1 年 2 个月。

2. 许某冒充工商局工作人员诈骗案

2014 年 12 月 2 日至 2017 年 11 月 16 日，许某先后雇用多人，冒充各地工商局工作人员，虚构工商局为迎接“七五”普法工作，向各地企业下发法律书籍的事实，向全国各地不特定企业负责人拨打电话，并要求对方按照寄送书汇款单以每套书籍 1680 元、1980 元等价格进行汇款，共诈骗南浔区的沈某、山东省淄博市的樊某、济宁市的李某、山东省冠县的胡某、吉林省永吉县的郝某等全国各地多个省市的 5000 余名被害人共 1100 余万元。

法院经审理认为，许某冒充各地工商部门工作人员，使用向全国各地不特定企业负责人打电话的手段，虚构工商局为迎接“七五”普法工作，向各地企业下发法律书籍的事实，从而使各被害人陷入错误认识，以 1680 元、1980 元等价格，购买上述书籍，共骗得全国各地 5000 余名被害人人民币共 1100 余万元，其行为同时构成招摇撞骗罪和诈骗罪，依法依照处罚较重的诈骗罪处罚。

最终，法院判决许某犯诈骗罪，判处有期徒刑 7 年，并处罚金 30 万元。

专家建议

所谓“民族资产解冻”“民族大业”“护贫保险”“军队编制”“军事化管理”，大多不靠谱。一般情况下，正规、合法的项目会在相应政府机关、单位的官网进行公示。在接到相关信息时，可通过相关机关、单位的官网或直接到相关政府部门进行核实，以免遭遇诈骗。

5. 电信网络诈骗在何种情况下构成妨害信用卡管理罪？

在实施电信网络诈骗的活动中，不法分子如果明知是伪造的信用卡而持有、运输的，或者明知是伪造的空白信用卡而持有、运输且数量较大，或者非法持有数量较大的他人信用卡，或使用虚假的身份证明骗领信用卡的，以及出售、购买、为他人提供伪造的信用卡或者以虚假的身份证明骗领的信用卡，则同时构成妨害信用卡管理罪，应依照处罚较重的规定定罪处罚。

以案说法

1. 余某妨害信用卡管理案

2013 年 5 月，余某在广东打工期间，认识了隔壁车间工友王某。王某提出让余某给他提供他人银行卡，并承诺以每张 100 元的价格收购。余某同意后，找到同乡朋友李某某，以“自己用于银行转账”为由让李某某在湖北省大冶市多家银行办理银行卡，并让李某某将办理好的银行卡通过快递邮寄到王某提供的收件地址。李某某同意后，找到同学按照余某的要求，以个人的名义共办理了 8 张银行卡，并开通网银后邮寄给王某，余某向李某某支付“办卡好处费”600 元。后余某又以自己的名义在东莞市多家银行办理了 5 张银行卡并开通网银后交给王某，收取王某“办卡好处费”600 元。

2013 年 12 月 30 日，山西某公司被电信诈骗，公司损失 35 万元。被骗款项于当日分 3 次转账到户名为李某某的农业银行账户上，后又通过网银转账分 10 次汇到多个账户，其中两笔人民币共 199900 元，汇至户名为李某某的建设银行账户。

法院经审理认为，公诉机关指控余某构成诈骗罪，但所举证据均不足以有效证明余某在让李某某办理银行卡时，明知王某会利用该银行卡实施电信网络诈骗，认定余某主观上具有诈骗的犯罪故意证据不足。但余某授意李某某办理了 8 张银行卡并开通网银，然后邮寄给王某，余某又付给李某某“办卡好处费”600 元，余某的行为违反了国家信用卡管理法规，与非法持有他人信用卡没有实质上的不同。根据法律规定，非法持有他人信用卡，没有证据证明从事电信网络诈骗犯罪活动，以妨害信用卡管理罪追究刑事责任。

法院判决余某犯妨害信用卡管理罪，判处有期徒刑 10 个月，并处罚金 1 万元。

2. 陈某兵非法持有他人信用卡诈骗案

陈某兵为骗取他人钱财，同刘某伟商量进行电信诈骗。双方约定由刘某伟提供四家银行的信用卡，每套四张，由陈某兵以3000元的价格予以收购，但信用卡由刘某伟保管，陈某兵只需要信用卡的卡号和开户名。双方还约定，骗取的钱款由刘某伟负责套取现金交给陈某兵，并按套取现金的10%提成作为佣金。之后刘某伟联系徐某嵘，要求为其办理并收购信用卡。刘某伟在得到上述信用卡后，以约定每套3000元的价钱全部卖给了陈某兵进行网络电信诈骗活动。

法院经审理认为，陈某兵为实施诈骗行为，非法持有数量较大的他人信用卡，该行为同时构成妨害信用卡管理罪。陈某兵实施电信网络诈骗使用的信用卡，是由刘某伟提供的信用卡卡号和开户名，刘某伟提供给陈某兵的信用卡部分是由徐某嵘出售给刘某伟的，徐某嵘明知刘某伟帮助他人实施电信诈骗犯罪而提供信用卡，三人对非法持有和使用他人信用卡实施电信诈骗犯罪，在主观上均是明知的，在案证据可以证实三人非法持有他人信用卡是为了从事电信诈骗犯罪活动，应当按照处罚较重的规定定罪处罚，三人诈骗数额均为巨大，应当按照诈骗罪处罚。

法院判决陈某兵犯诈骗罪，判处有期徒刑6年5个月，并处罚金10万元；刘某伟犯诈骗罪，判处有期徒刑5年9个月，并处罚金10万元；其他人员分别被判处有期徒刑3年2个月至1年8个月不等，部分人员被宣告缓刑，并处罚金。

专家建议

不要参与不法分子实施的任何电信网络诈骗行为，务必妥善保管好个人隐私及相关证件。绝对不能因贪图蝇头小利而向他人出借、出售本人身份证、银行卡和手机卡等，一旦被不法分子用于违法犯罪，不仅自己有可能会成为犯罪的“帮凶”，被依法追究法律责任，更有可能导致他人的血汗钱付诸东流，造成不可挽回的财产损失。

6. 电信网络诈骗在何种情况下构成掩饰、隐瞒犯罪所得、犯罪所得收益罪？

不法分子如果明知是电信网络诈骗犯罪所得及其产生的收益，仍然通过使用销售点终端机具（POS 机）刷卡套现等非法途径协助转换或者转移财物，帮助他人将巨额现金散存于多个银行账户或在不同银行账户之间频繁划转，多次使用或者使用多个非本人身份证明开设的信用卡、资金支付结算账户或者多次采用遮蔽摄像头、伪装等异常手段帮助他人转账、套现、取现的，为他人提供非本人身份证明开设的信用卡、资金支付结算账户后又帮助他人转账、套现、取现，或者以明显异于市场的价格，通过手机充值、交易游戏点卡等方式套现的，则以掩饰、隐瞒犯罪所得、犯罪所得收益罪追究刑事责任。

实施掩饰、隐瞒犯罪所得、犯罪所得收益犯罪行为，同时构成其他犯罪的，依照处罚较重的规定定罪处罚。

以案说法

1. 黄某提供银行卡及刷脸掩饰、隐瞒犯罪所得案

2021年8月至10月，黄某明知是网络犯罪违法所得，仍提供自己名下的5张银行卡、手机银行、密码等给他人使用，并在现场提供刷脸等服务配合转账。经查实，黄某出售的5张银行卡共接收、转移网络违法犯罪资金达717269元，其中查实系电信网络诈骗资金的132087元，黄某从中获利1900元。黄某主动投案后如实供述了自己的犯罪事实。

法院经审理认为，黄某明知是犯罪所得，仍提供银行卡及刷脸帮助转移，情节严重，其行为构成掩饰、隐瞒犯罪所得罪，判处有期徒刑1年5个月，并处罚金1万元。继续追缴黄某的违法所得人民币1900元，予以没收，上缴国库。

需要注意的是，本案中，黄某仅是提供银行卡等并配合转账，而未与他人进行共谋实施诈骗，因此，法院最终以掩饰、隐瞒犯罪对黄某定罪量刑，而未以诈骗罪与掩饰、隐瞒犯罪的竞合进行论处。

假设黄某与他人共谋实施电信网络诈骗取得违法犯罪所得，同时提供自己名下的5张银行卡等并配合转账，则其行为构成诈骗罪和掩饰、隐瞒犯罪所得罪的竞合，依法应按照处罚较重的规定定罪处罚。在此种情况下，对黄某应以诈骗罪判处有期徒刑3年以上。

2. 陈某钿电话费套现掩饰、隐瞒犯罪所得案

雷某洁、王某强及其管理的“键盘手”通过陌陌聊天软件冒

充女性，以见面、吃饭、“一夜情”等方法诱骗被害人向其提供的指定电话号码充值。陈某钿明知雷某洁在实施诈骗，仍向其提供电话号码，并在收到骗取的充值金额后，提成12%~18%之后帮助雷某洁将骗取的话费套现，雷某洁、王某强提成后，剩余款项返还给具体实施诈骗的“键盘手”。根据部分报案被害人陈述，陈某钿、雷某洁、王某强等人通过陌陌交友充值话费方式具体诈骗作案10起，诈骗金额共计8800元。

法院经审理认为，雷某洁、王某强等人犯诈骗罪，分别判处有期徒刑3年至4年1个月不等，并分别判处罚金。陈某钿明知是电信网络诈骗犯罪所得，仍通过异常手段帮助他人转账、套现，以掩饰、隐瞒犯罪所得罪，判处陈某钿有期徒刑1年6个月。

3. 邓某帮助取款掩饰、隐瞒犯罪所得案

“台湾老板”让来某到各银行网点取现、转账，来某对所取款项系违法所得是知情的，来某从“台湾老板”处接收用于存取款的银行卡，雇用邓某共同参与取款。来某收购他人身份证办理银行卡，并与上家联系，接收取款信息，将接收到的取款信息转发给邓某，将取款银行卡分配给邓某到银行ATM机操作存取款。经对涉案银行卡进行查询、串并，来某、邓某共同取款金额共计5307120元。

法院经审理认为，来某、邓某非法持有他人银行卡的目的是转移卡上的赃款，因此，其非法持有他人信用卡和从信用卡上取款、转移赃款的行为系手段与目的关系。其中非法持有他人信用卡是手段，如果没有证据证明从事电信网络诈骗犯罪活动，则构

成妨害信用卡管理罪。而从信用卡上取款、转移赃款是目的，明知是电信网络诈骗犯罪所得及其产生的收益，仍予以转账、套现、取现的，则构成掩饰、隐瞒犯罪所得、犯罪所得收益罪。两罪属于牵连犯，应择一重罪处罚。根据《最高人民法院、最高人民检察院、公安部关于办理电信网络诈骗等刑事案件适用法律若干问题的意见》第 3 条第 4 款和第 5 款的规定，来某应以妨害信用卡管理罪定罪处罚，邓某应以掩饰、隐瞒犯罪所得罪定罪处罚。

法院经审理认为，来某犯妨害信用卡管理罪，判处有期徒刑 7 年，并处罚金 10 万元；邓某犯掩饰、隐瞒犯罪所得罪，判处有期徒刑 4 年 6 个月，并处罚金 4 万元。

专家建议

如果被人要求帮忙刷卡套现或以明显异于市场的价格通过手机充值、交易游戏点卡等方式套现，或将巨额现金散存于多个银行账户等，这些钱款多数情况下属于非法所得或来历不明。在不能确保合法和安全的情况下，千万不要贪图小利，也不能碍于情面不予拒绝，否则会触犯刑法，构成犯罪。

7. 电信网络诈骗在何种情况下构成非法利用信息网络罪？

根据《最高人民法院、最高人民检察院、公安部关于办理电信网络诈骗等刑事案件适用法律若干问题的意见》第 3 条第 7 款的规定，实施非法利用信息网络罪，同时构成诈骗罪的，依照处罚较重的规定定罪处罚。

为适应网络时代，有效惩治犯罪，对网络犯罪采取“打早打小”的策略，《刑法修正案（九）》增设了非法利用信息网络罪，将打击犯罪的环节前移，将尚处于预备阶段的网络犯罪准备行为进行刑法规制并单独入罪处罚。

以案说法

1. 熊某非法利用信息网络诈骗案

2020 年 12 月至 2021 年 1 月，熊某从上家获取微信群二维码提供给下家，通过冒充证券公司客服人员拨打客户电话并添加微信，将客户拉进微信群的方式，为从事股票投资类电信网络诈骗的人员设立用于实施诈骗的通讯群组，致被害人在上海市虹口区、广东省东莞市等地被以投资股票为名骗取钱款共计人民币 5 万余元。经查，熊某通过上述手法为他人设立用于诈骗的通讯群组 100 余个，非法获利人民币 2.5 万元。

2021 年 6 月 21 日，熊某被公安机关抓获归案，到案后如实交代了上述事实，并退缴违法所得人民币 2.5 万元。

法院经审理认为，熊某与他人结伙，设立用于实施诈骗的通讯群组，情节严重，其行为已构成非法利用信息网络罪，同时构成诈骗罪，依照处罚较重的规定定罪处罚。结合其诈骗金额及通讯群组数量等事实和情节，非法利用信息网络处罚较重，故法院以非法利用信息网络罪判处熊某有期徒刑 1 年 9 个月，并处罚金 2 万元。退缴的违法所得及缴获的犯罪工具一并予以没收。

2. 孙某波转包发送诈骗信息诈骗案

孙某波利用计算机、猫池、手机卡、三网通软件等工具从事发送诈骗信息活动（发单）和向符某迎团伙转包发送诈骗信息（倒单）的活动，符某迎团伙共计为孙某波发送诈骗信息89.9万余条。

法院经审理认为，孙某波等人的行为构成非法利用信息网络罪、帮助信息网络犯罪活动罪，同时构成诈骗罪，依照处罚较重的规定定罪处罚。故针对孙某波等人的行为，应以诈骗罪（未遂）定罪处罚。

法院判决，孙某波犯诈骗罪，判处有期徒刑5年6个月，并处罚金5万元，符某迎等人分别被判处有期徒刑3年6个月至5年不等，并处罚金。

3. 王某帮助他人介绍使用境外服务器诈骗案

罗某利用境外服务器在互联网上制作黄色链接网站，留下可以提供小姐上门服务的手机号码，并将黄色网站上的手机号插在“多卡宝”设备上，然后通过境外人员的手机下载“多卡宝”软件来操作设备。当受害人通过黄色网站联系所谓的小姐时，罗某雇请的人员就以安全费、体检费等为由要受害人交纳定金，当受害人发现被骗后，对受害人便不予理睬。

其间，王某为获取非法利益，明知罗某实施电信网络诈骗犯罪，仍然利用自己的专业技术帮助罗某介绍使用境外服务器，并为罗某发布网络招嫖广告提供专业技术支持。

法院经审理认为，王某构成非法利用信息网络罪、帮助信息网络犯罪活动罪，同时构成诈骗罪的，依照处罚较重的规定定罪处罚。在案证据证实，王某明知罗某实施电信网络诈骗犯罪，仍然利用自己的专业技术帮助罗某介绍使用境外服务器，为罗某发布网络招嫖广告提供专业技术支持，并从中获利，王某的行为同时构成帮助信息网络犯罪活动罪、诈骗罪，应当以处罚较重的诈骗罪定罪处罚。

法院判决，罗某犯诈骗罪，判处有期徒刑 8 年 8 个月，并处罚金 9 万元。王某等人分别被判处有期徒刑 3 年 9 个月至 1 年不等，并处罚金。

专家建议

信息科技的迅速发展，使犯罪活动方式由传统现实场域逐渐向新型网络虚拟空间渗透和转变，犯罪呈网络化和虚拟化，危害巨大。

现实生活中，为实施诈骗设立网站或通讯群组，用于传授犯罪方法，制作、销售违禁物品或管制物品等违法犯罪活动，或者发布制作或销售毒品、枪支、淫秽物品等违禁物品、管制物品或其他违法犯罪信息，以及为实施诈骗等违法犯罪活动发布信息，都属于非法利用信息网络的犯罪行为。对此务必掌握，以免被人利用或一不小心误入犯罪歧途。

8. 电信网络诈骗在何种情况下构成帮助信息网络犯罪活动罪？

不法分子在实施电信网络诈骗的过程中，如果明知他人利用信息网络实施犯罪，却为其犯罪提供互联网接入、服务器托管、网络存储、通讯传输等技术支持，或者提供广告推广、支付结算等帮助行为，构成帮助信息网络犯罪活动罪。同时构成诈骗罪的，依照处罚较重的规定定罪处罚。

以案说法

1. 吴某连提供银行账户帮助他人信息网络犯罪案

2020年5月28日，吴某连办理了一张中国工商银行银行卡。同年6月，吴某连把该银行卡以及一张中国建设银行银行卡、中国工商银行银行卡、三个优盾、两张电话卡交给吴某，通过吴某邮寄给郭某（已被判刑）。后郭某将吴某连的中国农业银行卡借给他人进行电信网络诈骗转账，致使受害人孙某被诈骗款项中的642319元、尹某被诈骗款项中的26000元、肖某被诈骗款项中的105000元、李某被诈骗款项中的20000元经过该银行账户，吴某连从中获利11514.29元。

法院经审理认为，吴某连明知他人利用信息网络实施犯罪活动，为他人实施犯罪活动提供银行账户等用于支付结算793319元，情节严重，其行为已触犯《刑法》第287条之二第1款的规定，构成帮助信息网络犯罪活动罪。吴某连犯帮助信息网络犯罪活动罪，判处有期徒刑8个月，并处罚金2000元；吴某连退缴非法所得11514.29元，予以没收，上缴国库；扣押在案的OPPO手机一部依法处理。

需要注意的是，在本案中，如果吴某连与郭某共谋实施电信网络诈骗，并提供其个人银行卡给郭某使用，则同时构成诈骗罪，按照法律规定应当以处罚较重的诈骗罪定罪处罚，将会被判处有期徒刑3年以上10年以下。

2. 冯某林提供虚假网站诈骗案

2019年2月，杨某、邹某真等人为实施诈骗，从冯某林处购得诈骗平台假“中彩网”，通过微信以虚假身份添加陌生好友聊天，加深感情之后，引诱对方购买假“中彩网”彩票，然后通过后台操作“小额中奖、大额不中奖”，骗取他人财物共计人民币273805元。冯某林明知杨某等人通过“中彩网”实施诈骗，仍承担制作、维护该网站的技术支持工作。

法院经审理认为，冯某林明知自己制作的假“中彩网”网站是他人用于诈骗等违法犯罪活动，仍予以制作、维护，根据法律规定，构成帮助信息网络犯罪活动罪，同时构成诈骗罪的，依照处罚较重的规定定罪处罚。杨某、邹某真、冯某林等人犯诈骗罪，分别判处有期徒刑3年6个月至有期徒刑8个月不等，并处罚金5万元至5000元不等。

专家建议

为他人提供诸如互联网接入、服务器托管、网络存储、通讯传输等技术支持，或者提供广告推广、支付结算等帮助，务必通过正当合法程序进行，并核实查验相关资质、资料。

首先，在接受委托时，要核查委托方的单位真实性、主体合法性，并确认对方是否具有相关资质。其次，接受委托不能仅靠口头约定，双方要签订书面合同，并要求对方提供相应主体及资质材料，不能私自收费，委托费用要进入单位公户，并开具相应的发票。如果某些业务需要向相关部门报备，应依法及时备案。在提供服务的过程中，如发现任何违法犯罪行为，应及时报案。

法律直通车

《最高人民法院、最高人民检察院、公安部关于办理电信网络诈骗等刑事案件适用法律若干问题的意见》

三、全面惩处关联犯罪

（一）在实施电信网络诈骗活动中，非法使用“伪基站”“黑广播”，干扰无线电通讯秩序，符合刑法第二百八十八条规定的，以扰乱无线电通讯管理秩序罪追究刑事责任。同时构成诈骗罪的，依照处罚较重的规定定罪处罚。

（二）违反国家有关规定，向他人出售或者提供公民个人信息，窃取或者以其他方法非法获取公民个人信息，符合刑法第二百五十三条之一规定的，以侵犯公民个人信息罪追究刑事责任。

使用非法获取的公民个人信息，实施电信网络诈骗犯罪行为，构成数罪的，应当依法予以并罚。

（三）冒充国家机关工作人员实施电信网络诈骗犯罪，同时构成诈骗罪和招摇撞骗罪的，依照处罚较重的规定定罪处罚。

（四）非法持有他人信用卡，没有证据证明从事电信网络诈骗犯罪活动，符合刑法第一百七十七条之一第一款第（二）项规定的，以妨害信用卡管理罪追究刑事责任。

（五）明知是电信网络诈骗犯罪所得及其产生的收益，以下列方式之一予以转账、套现、取现的，依照刑法第三百一十二条第一款的规定，以掩饰、隐瞒犯罪所得、犯罪所得收益罪追究刑事责任。但有证据证明确实不知道的除外：

1. 通过使用销售点终端机具（POS 机）刷卡套现等非法途

径，协助转换或者转移财物的；

2. 帮助他人将巨额现金散存于多个银行账户，或在不同银行账户之间频繁划转的；

3. 多次使用或者使用多个非本人身份证明开设的信用卡、资金支付结算账户或者多次采用遮蔽摄像头、伪装等异常手段，帮助他人转账、套现、取现的；

4. 为他人提供非本人身份证明开设的信用卡、资金支付结算账户后，又帮助他人转账、套现、取现的；

5. 以明显异于市场的价格，通过手机充值、交易游戏点卡等方式套现的。

实施上述行为，事前通谋的，以共同犯罪论处。

实施上述行为，电信网络诈骗犯罪嫌疑人尚未到案或案件尚未依法裁判，但现有证据足以证明该犯罪行为确实存在的，不影响掩饰、隐瞒犯罪所得、犯罪所得收益罪的认定。

实施上述行为，同时构成其他犯罪的，依照处罚较重的规定定罪处罚。法律和司法解释另有规定的除外。

（六）网络服务提供者不履行法律、行政法规规定的信息网络安全管理义务，经监管部门责令采取改正措施而拒不改正，致使诈骗信息大量传播，或者用户信息泄露造成严重后果的，依照刑法第二百八十六条之一的规定，以拒不履行信息网络安全管理义务罪追究刑事责任。同时构成诈骗罪的，依照处罚较重的规定定罪处罚。

（七）实施刑法第二百八十七条之一、第二百八十七条之二规定之行为，构成非法利用信息网络罪、帮助信息网络犯罪活动罪，同时构成诈骗罪的，依照处罚较重的规定定罪处罚。

（八）金融机构、网络服务提供者、电信业务经营者等在经营活动中，违反国家有关规定，被电信网络诈骗犯罪分子利用，使他人遭受财产损失的，依法承担相应责任。构成犯罪的，依法追究刑事责任。

第五章

电信网络诈骗的共同犯罪

 电信网络诈骗犯罪一般是以何种组织形式实施？

电信网络诈骗，单个人员一般难以实施，现实中基本均由三人以上为实施电信网络诈骗犯罪而组成较为固定的犯罪组织，该情况下的犯罪组织依法应属于诈骗犯罪集团。

对组织、领导犯罪集团的首要分子，按照集团所犯的全部罪行处罚。对犯罪集团中组织、指挥、策划者和骨干分子，依法从严惩处。

对犯罪集团首要分子以外的主犯，按照其所实际参与或者组织、指挥的全部犯罪处罚。全部犯罪包括能够查明具体诈骗数额的事实、能够查明发送诈骗信息条数、拨打诈骗电话人次数和诈骗信息网页浏览次数的事实。

而对犯罪集团中的从犯，投案自首、积极协助抓获主犯、积极协助追赃的，依法可以从轻或减轻处罚。

以案说法

1. 李某权犯罪集团传销组织诈骗案

李某权曾从事传销活动，掌握了传销组织的运作模式，在该模式下建立起140余人的诈骗犯罪集团。李某权作为诈骗犯罪集团的总经理，全面负责掌握犯罪集团的活动，任命吴某琼、吴某飞等人为主要管理人员，设立诈骗窝点并安排主要管理人员对各个窝点进行监控和管理，安排专人传授犯罪方法，收取诈骗所得资金，分配犯罪所得。该犯罪集团采用“总经理—经理—主任—

业务主管—业务员”的层级传销组织管理模式，要求新加入成员每人按照 2900 元一单的数额交纳入门费，按照一定的比例层层返利，向组织交单作为成员晋升的业绩标准，层层返利作为对各层级的回报和利益刺激，不断诱骗他人加入该诈骗集团。2016 年 1 月至 2016 年 12 月 15 日，该犯罪集团在宁夏回族自治区固原市设立十个诈骗窝点，由多名下线诈骗人员从“有缘网”“百合网”等婚恋交友网站上获取全国各地被害人信息，利用手机微信、QQ 等实时通讯工具将被害人加为好友，再冒充单身女性以找对象、交朋友为名取得被害人信任，能骗来加入组织的加入组织，不能骗来的向其索要路费、电话费、疾病救治费等，对不特定的被害人实施诈骗活动。诈骗犯罪活动涉及全国 31 个省、自治区，诈骗非法所得 920 余万元。

法院经审理认为，本案属于三人以上共同实施犯罪组织的较为固定的犯罪组织，系犯罪集团。李某权对整个犯罪集团起组织、领导作用，是犯罪集团的首要分子，按照集团所犯的全部罪行处罚。吴某琼、吴某飞等人协助首要分子对整个犯罪集团进行组织、领导、策划，是犯罪集团的骨干分子，系主犯，按照其所参与的或组织指挥的全部犯罪处罚。其他一般犯罪成员按照其在犯罪集团中所起的作用及其个人诈骗数额予以量刑。据此，以诈骗罪判处李某权有期徒刑 14 年，并处罚金 10 万元；以诈骗罪判处吴某琼等人有期徒刑 1 年 3 个月至 12 年不等，并处罚金。

2. 唐某引诱他人诈骗案

自 2015 年下半年开始，孙某华等人（均已判刑）组建网络诈骗集团，以山东某资产管理有限公司等作掩护，组建多个团队，下设外宣（推广）、培训等部门，利用网络招募推广、培训、急聘等人员，约定分赃比例，通过开发语音、微聊、微信息、微助手等软件作为犯罪工具，以招聘网络兼职之名实施诈骗。具体而言，由推广人员在网络上发布虚假招聘兼职广告，以提供小额佣金任务的方式吸引被害人注册微信息等软件，后由培训人员诱骗被害人交纳升级 VIP 会员费和钻石 VIP 会员费，对未交费的会员由急聘人员采取回访的形式降低收费标准，继续诱骗其交费。

唐某为该集团推广人员，自 2018 年 4 月至 10 月，其通过网络发布虚假招聘兼职广告，以提供小额佣金任务的方式引诱受害人下载微信息等软件，并交由后台培训人员继续诱骗升级成会员，共计骗取 25600 元，唐某从中获利 12800 元。

法院经审理认为，唐某以非法占有为目的，参加诈骗犯罪集团，实施电信网络诈骗，数额较大，其行为已构成诈骗罪。唐某在共同犯罪中起次要作用，系从犯，到案后如实供述了犯罪事实，自愿认罪认罚并退赃，依法予以从轻、从宽处罚。根据唐某的犯罪情节、悔罪表现，唐某没有再犯罪的危险，对所居住社区没有重大不良影响，可以宣告缓刑。判决唐某犯诈骗罪，判处有期徒刑 7 个月，缓刑 1 年，并处罚金 1 万元。

专家建议

各位读者要擦亮双眼，不要参加任何犯罪组织。如果被诱骗加入犯罪组织，务必立即脱离。如果基于被教唆、强迫、胁迫等原因而实施犯罪，在确保安全的情况下，要尽快逃离犯罪组织，并立即向公安机关投案自首。如果尚未实施犯罪行为，在脱离犯罪组织后，亦应立即向公安机关报案。否则，越陷越深则难以自拔，最终自毁前程，代价惨痛。

2. 明知他人实施电信网络诈骗，而提供信用卡、资金支付结算账户、手机卡、通讯工具，构成何种犯罪？

根据《最高人民法院、最高人民检察院、公安部关于办理电信网络诈骗等刑事案件适用法律若干问题的意见》第 4 条第 3 款第 1 项的规定，基于犯罪行为进程及是否有通谋、提供、帮助行为，可构成诈骗共同犯罪，亦可构成帮助信息网络犯罪活动罪，或掩饰、隐瞒犯罪所得、犯罪所得收益罪。

上述三种罪名如何区分，主要看信用卡、资金支付结算账户、手机卡、通讯工具的提供者，是否与电信网络诈骗人员之间有事前通谋的行为。（1）如有事先通谋行为，以共同犯罪论处。（2）如果仅具有提供行为，而没有通谋行为，则构成帮助信息网络犯罪活动罪。（3）如果在诈骗行为实施完毕后，且已经产生犯罪所得及其产生的收益，此时明知是电信网络诈骗犯罪所得及其产生的收益仍有提供行为，并帮助他人转账、套现、取现，则构成以掩饰、隐瞒犯罪所得、犯罪所得收益罪。

以案说法

1. 赖某红提供银行卡帮助信息网络犯罪活动案

何某联系到赖某红，要求赖某红提供银行卡帮忙转账，并承诺按照4%的比例进行返点，赖某红答应可以提供银行卡帮忙转账，当天赖某红用自己的身份信息新开办多张银行卡。赖某红、何某与“上家”见面，一行人上车后，赖某红将自己的银行卡、手机交给“上家”用来转账。赖某红目睹“上家”使用其银行及手机进行转账操作，被害人郝某被他人冒充领导以帮忙转账为由诈骗9.8万元，该笔资金打到赖某红持有的中国农业银行卡中；被害人闫某被同样方式诈骗74.8万元，其中赖某红的中国工商银行卡收到25万元诈骗资金；被害人韩某被同样方式诈骗13.8万元，其中赖某红中国农业银行卡收到5万元的诈骗资金。

2021年3月5日，赖某红主动到公安机关投案。

本案中，赖某红明知他人利用信息网络实施犯罪，而提供信用卡、手机帮助资金支付结算，情节严重，其行为已构成帮助信息网络犯罪活动罪。最终法院判决赖某红犯帮助信息网络犯罪活动罪，判处有期徒刑1年6个月，并处罚金2万元。

2. 颜某仁提供银行卡诈骗案

曾某权搭建可任意设置显示号码的网络电话平台实施诈骗，冒充商店超市工作人员虚构“因购物有错误付款须取消”，需由银行客服人员“帮助取消上述分期付款业务”，诱骗被害人到ATM自动取款机操作，将银行存款转账到诈骗人员提供的银行账户，骗取钱财。

颜某仁介绍能提供接收诈骗赃款的银行账户的人员给曾某权，还用自己的银行卡为曾某权接收诈骗赃款。曾某权等人诈骗金额共计3018112元。

法院经审理认为，曾某权以非法占有为目的，拨打不特定多数人电话，虚构事实骗取他人钱财。颜某仁明知曾某权实施诈骗活动，仍为其介绍他人提供通讯工具、网络技术支持；提供信用卡并转账、支取诈骗所得款项，帮助实施诈骗。二人的行为均已构成诈骗罪。曾某权起组织、指挥作用，系主犯。据此，法院以诈骗罪判处曾某权有期徒刑 11 年 5 个月，并处罚金 50 万元；以诈骗罪判处颜某仁有期徒刑 10 年 9 个月，并处罚金 20 万元。

3. 雷某等人提供微信账号诈骗案

黄某实施电信网络诈骗，并将雷某发展为下线，为诈骗犯罪团伙服务。雷某明知黄某从事电信网络诈骗，仍多次将自己和他人微信提供给黄某，从中非法获利。邓某明知黄某从事电信网络诈骗，仍多次给雷某提供微信从中获利。雷某、黄某、邓某依照诈骗分子“木子”的要求修改微信昵称，并将邓某的微信提供给诈骗团伙使用，导致被害人陈某 2.6 万元现金被骗。

法院经审理认为，雷某、邓某在明知他人使用微信账号实施网络诈骗的情况下提供通讯工具微信账号，发现受害人被骗后未采取任何补救措施，也未向公安机关报案，其行为系诈骗的共同犯罪。

法院判决黄某犯诈骗罪，判处有期徒刑 1 年 6 个月，并处罚金 4000 元。雷某犯诈骗罪，判处有期徒刑 1 年，缓刑 2 年，并处罚金 2000 元。邓某犯诈骗罪，判处有期徒刑 10 个月，缓刑 1 年，并处罚金 2000 元。

专家建议

银行卡、身份证、信用卡、资金支付结算账户、手机卡、通讯工具等，均属于公民个人的重要物品和信息，不管是否明知他人实施电信网络诈骗，都不要轻易提供给他人有偿或无偿使用，更不要帮助他人转账、套现、取现。否则，或为蝇头小利，或出于仗义，最终得不偿失，在身陷囹圄时，才后悔莫及。

3. 明知他人实施电信网络诈骗，而非法获取、出售、提供公民个人信息，构成何种犯罪？

根据《最高人民法院、最高人民检察院、公安部关于办理电信网络诈骗等刑事案件适用法律若干问题的意见》第 4 条第 3 款第 2 项的规定，该行为可构成侵犯公民个人信息罪或诈骗罪，且有可能两罪并罚。

至于构成何罪，主要看公民个人信息的非法获取、出售、提供者，与电信网络诈骗实施人员之间是否有诈骗的共同故意。如果仅有获取、出售、提供行为，而没有诈骗的共谋行为，就构成侵犯公民个人信息罪。如果不仅有获取、出售、提供行为，并且与电信网络诈骗实施人员之间有共谋行为，则按照诈骗罪共犯论处。

而根据《最高人民法院、最高人民检察院、公安部关于办理电信网络诈骗等刑事案件适用法律若干问题的意见》第 3 条第 2 款第 2 项的规定，电信网络诈骗实施人员如果使用非法获取的公民个人信息实施电信网络诈骗，则构成数罪，应当以诈骗罪和侵犯公民个人信息罪并罚。

以案说法

1. 徐某冬等人侵犯公民个人信息案

徐某冬违反国家有关规定，非法获取公民个人交易信息后，在明知他人用于电信网络诈骗的情况下，仍出售公民个人交易信息单给徐某通等人，从中获利，且徐某冬、徐某通非法获取公民个人交易信息的条数均已达到了情节严重的标准，已构成侵犯公民个人信息罪，应当以侵犯公民个人信息罪追究其刑事责任。

徐某冬、徐某通以非法占有为目的，使用非法获取的公民个人信息实施电信网络诈骗，骗取他人钱款共计人民币 470783 元，数额巨大，二人行为均已构成诈骗罪，应当以诈骗罪追究其刑事责任。徐某冬、徐某通在诈骗罪中，系共同犯罪。在共同犯罪中，徐某冬、徐某通作用相当，不宜区分主从犯。

法院经审理认为，徐某冬、徐某通两人犯侵犯公民个人信息罪，均被判处有期徒刑 8 个月，并处罚金 1 万元；徐某冬、徐某通两人犯诈骗罪，均被判处有期徒刑 7 年 10 个月，并处罚金 12 万元；数罪并罚，决定执行有期徒刑 8 年，并处罚金 13 万元。

2. 苏某灿伪造、买卖身份证件及诈骗案

2017 年 2 月 14 日，苏某灿使用网上制作的姓名为“吴某水”的假身份证在石家庄桥西区租得一处楼房。2017 年 5 月 8 日，苏某灿使用吴某水的假身份证在骆某处租得石家庄市新华区的另一处楼房。

苏某灿从 QQ 为 20×××03 的犯罪嫌疑人处制作假冒贷款的网站，网址解析过后由苏某灿本人使用；2017 年 5 月，苏某灿又从

QQ为20×××03的犯罪嫌疑人处制作假冒贷款的网站，网址解析过后亦由苏某灿本人一直使用。假网站制作后，通过百度推广至百度搜索第一位，如果被害人进入网站填写姓名、身份证号、电话、贷款金额、银行等信息，苏某灿从网站后台便可获取，然后再卖给实施电信网络诈骗的犯罪嫌疑人。同时苏某灿雇人帮助其使用假网站获取被害人信息。苏某灿明知他人在实施电信网络诈骗，仍将上述方法获得的507条被害人个人信息出售给实施电信网络诈骗的犯罪嫌疑人，致使8名被害人被诈骗共计121500元。

法院经审理认为，苏某灿伪造、买卖身份证件，其行为已构成伪造、买卖身份证件罪。苏某灿明知他人实施电信网络诈骗犯罪，仍非法获取、出售、提供公民个人信息，致使8人被诈骗共计121500元，数额巨大，应以诈骗罪的共同犯罪论处，其行为已构成诈骗罪。苏某灿在诈骗的共同犯罪中，未直接实施诈骗行为，仅出售公民个人信息，起辅助作用，可以认定为从犯，依法予以从轻处罚。

法院判决，苏某灿犯伪造、买卖身份证件罪，判处有期徒刑7个月；苏某灿犯诈骗罪，判处有期徒刑3年，并处罚金3万元。数罪并罚，决定执行有期徒刑3年4个月，并处罚金3万元。

3. 梁某华、蒙某珍非法提供公民个人信息诈骗案

吴某昌伙同吴某忠购买木马程序以及电子邮箱账号，向被害人发送植入了木马病毒的短信，该木马病毒能将银行发送给被害人的验证码发送到吴某昌所持有的手机号码，以此盗刷他人银行卡账户中的款项。梁某华负责为吴某昌、吴某忠查询被害人银行开卡记录以及卡内余额，并提供他人身份证号码，从中牟利。蒙

某珍协助吴某昌、吴某忠整理被害人个人信息资料，并提供他人手机号码，共同实施盗刷行为。梁某华、蒙某珍对吴某昌、吴某忠的行为是明知的。

通过上述手段，吴某昌、吴某忠盗刷被害人佟某银行卡内的8562元人民币、盗刷被害人杨某银行卡内的1万元人民币。

法院经审理认为，吴某昌、吴某忠以非法占有为目的，诈骗共计18562元人民币，数额较大，犯罪事实清楚，证据确实、充分，应当以信用卡诈骗罪论处。

梁某华、蒙某珍明知吴某昌、吴某忠实施信用卡诈骗犯罪，仍然为其提供公民个人信息，从中获利，应以信用卡诈骗共同犯罪论处。

法院判决吴某昌、吴某忠犯信用卡诈骗罪，判处有期徒刑2年，并处罚金4万元。梁某华、蒙某珍分别被判处有期徒刑1年10个月、1年2个月，并处罚金。

专家建议

根据我国《刑法》的规定，侵犯公民个人信息罪，情节严重的，刑期为3年以下有期徒刑或者拘役；情节特别严重的，刑期为3年以上7年以下有期徒刑。而犯诈骗罪，数额较大的，处3年以下有期徒刑、拘役或者管制；数额巨大或者有其他严重情节的，处3年以上10年以下有期徒刑；数额特别巨大或者有其他特别严重情节的，处10年以上有期徒刑或者无期徒刑。

相对于侵犯公民个人信息罪而言，诈骗罪刑罚更重，处罚更严厉。

无论出于何种目的，无论是有偿还是无偿，千万不可非法获取、出售、提供公民个人信息，更不可与他人共谋实施网络诈骗。否则，轻则构成侵犯公民个人信息罪，重则构成诈骗罪，并可以数罪并罚。勿以恶小而为之，常在河边走，必然会湿鞋。

4. 明知他人实施电信网络诈骗，而制作、销售、提供“木马”程序和“钓鱼软件”等恶意程序，构成何种犯罪？

根据《最高人民法院、最高人民检察院、公安部关于办理电信网络诈骗等刑事案件适用法律若干问题的意见》第 4 条第 3 款第 3 项的规定，如果明知他人实施电信网络诈骗，仍为他人制作、销售、提供“木马”程序和“钓鱼软件”等恶意程序，基于各方有诈骗的共同犯罪故意，依法应按诈骗罪论处。

以案说法

1. 程某销售木马程序诈骗案

程某从网上学会制作木马病毒，然后在网上销售。自 2016 年 7 月以来，在明知他人实施电信网络诈骗的情况下，程某仍向潘某甲、潘某乙等人销售木马病毒，还帮潘某甲在境外注册服务器进行更新。潘某甲、潘某乙等人向全国范围发送含有木马病毒链接的短信，致被害人手机中木马病毒后，潘某乙等人窃取被害人的银行卡、手机号码等信息，利用木马病毒拦截验证码，将被害人的银行卡信息及验证码提供给他人在第三方平台上注册后盗刷，以此方法共实施信用卡诈骗犯罪数额约 40 万元。

法院经审理认为，程某明知潘某乙、潘某甲等人实施电信网络诈骗方面的犯罪活动，仍向其销售木马程序，帮助潘某乙、潘某甲等人利用发送木马病毒链接技术，窃取他人手机内存储的身份信息、银行卡信息等资料，提供给同案犯通过互联网、通讯终端等盗刷银行卡购物消费。潘某乙、潘某甲等人是冒用他人信用卡，进行信用卡诈骗活动，程某应以共同犯罪论处，程某涉及的犯罪数额39万余元（未遂19.9万元），属数额巨大，其行为已构成信用卡诈骗罪。在与潘某乙、潘某甲等人的共同犯罪中，程某起帮助、辅助作用，系从犯，依法应当减轻处罚。最终法院认为程某犯信用卡诈骗罪，判处有期徒刑2年6个月，并处罚金3万元。

2. 孙某制作、提供木马病毒程序诈骗案

孙某以“工作室”的QQ号发布广告，在网上销售制作的木马病毒程序。2019年8~9月，孙某与齐某在QQ群里聊天，齐某得知孙某会制作木马病毒程序，与之互加为QQ好友。2019年7月，郑某也与孙某互加为QQ好友，同时郑某、齐某开始要求孙某为其制作木马病毒程序。孙某为郑某、齐某制作了“违章查询”“校讯通”“请柬”等木马病毒程序。孙某还介绍他人帮齐某在香港注册服务器用于诈骗活动。

郑某、齐某向被害人发送含有上述木马病毒程序链接的短信，被害人一旦点击导致手机被安装木马病毒程序后，郑某、齐某便可窃取被害人的银行卡、手机号码等信息，提供给其他同案犯在第三方平台上注册，再利用木马病毒程序拦截短信验证码，提供给其他同案犯用于在第三方平台上盗刷被害人银行卡购物消费。以此方法实施信用卡诈骗，数额共计363355.38元（其中

15.3万元属未遂）。

法院经审理认为，孙某明知郑某、齐某在实施电信网络诈骗方面的犯罪活动，仍为之制作、提供木马病毒程序，帮助郑某、齐某利用发送木马病毒链接技术，窃取他人手机内存储的身份信息、银行卡信息等资料，提供给同案犯通过互联网、通讯终端等盗刷银行卡购物消费。郑某、齐某冒用他人信用卡，进行信用卡诈骗活动，孙某应以共同犯罪论处，孙某涉及的犯罪数额363355.38元（其中15.3万元属未遂）属数额巨大，其行为已构成信用卡诈骗罪。在与郑某、齐某的共同犯罪中，孙某起帮助、辅助作用，系从犯，依法应当减轻处罚。最终法院判决孙某犯信用卡诈骗罪，判处有期徒刑2年8个月，并处罚金4万元。

专家建议

如果你是网络高手，有制作、销售、提供“木马”程序和“钓鱼软件”等程序的技能，要用在正道上，充分发挥自己的优势，积极参与到反电信网络诈骗的共同行动中来，不要让自己的一技之长砸了自己的“脚”。

如果你是网络技术“小白”，对于不明或可疑的链接及信息，不要轻易点击，更不要因贪图小利或诱惑而“听命于”不法分子的“摆布”。如收到不明或可疑的链接及信息，在自己无法确定是否安全前，可以和相关单位或商家客服联系进行核实。

5. 明知他人实施电信网络诈骗，而提供“伪基站”设备或相关服务，构成何种犯罪？

根据《最高人民法院、最高人民检察院、公安部关于办理电信网络诈骗等刑事案件适用法律若干问题的意见》第4条第3款第4项的规定，“伪基站”设备或相关服务的提供者基于与电信网络诈骗实施人员之间具有诈骗的共同犯罪故意，依法应按诈骗罪论处。

以案说法

桑某委提供伪基站设备诈骗案

桑某委先后购置了多套伪基站设备，提供给许某飞使用。许某飞明知所发送的短信为诈骗短信，仍使用伪基站设备，冒充建设银行95533短信客服，驾驶车辆向附近群众发送诈骗短信。被害人按诈骗短信提示登录网站，输入银行卡卡号、密码、手机验证码等信息后，卡内现金被消费，被诈骗金额共计人民币464603.87元。

法院经审理认为，桑某委为许某飞提供伪基站设备对不特定多数人发送短信实施诈骗，情节特别严重，且系共同犯罪。桑某委曾因犯罪，被判处有期徒刑，在刑罚执行完毕后五年内再犯应当判处有期徒刑以上刑罚之罪，是累犯，依法应当从重处罚。案发后，桑某委能如实供述自己的犯罪事实，在庭审中自愿认罪，可以酌情从轻处罚。据此，以诈骗罪判处桑某委有期徒刑11年，罚金人民币10万元；以诈骗罪判处许某飞有期徒刑6年，并处罚金。

专家建议

携带伪基站设备在各地流动发送诈骗短信，针对不特定多数人实施诈骗，波及地域广，社会危害性大。

伪基站可以干扰屏蔽运营商的通讯信号，骗过验证环节向手机用户发骚扰、诈骗短信。不法分子利用伪基站冒充银行等单位向受害群众发送钓鱼网站，受害人基于对客服号码的信任，点击钓鱼网站后按照网站的提示进行操作，就掉进了骗子的陷阱。

实践中，还存在利用伪基站发送冒充房东、朋友、亲人等身份的短信，以收房租、借钱等名义直接向被害人要钱等多种诈骗手段。有些不法分子不仅通过伪基站发送钓鱼网站，还在钓鱼网站中植入木马病毒，这种木马病毒不仅可以盗取被害人的银行信息，还可以拦截银行发来的验证码。

提醒广大读者，收到银行、网络平台等发来的短信时，切勿点击链接网站，即使认为真实性比较大的，也一定要先核实。

6. 明知他人实施电信网络诈骗，而提供互联网接入、服务器托管、网络存储、通讯传输等技术支持，或提供支付结算等帮助，构成何种犯罪？

根据《最高人民法院、最高人民检察院、公安部关于办理电信网络诈骗等刑事案件适用法律若干问题的意见》第 4 条第 3 款第 5 项的规定，该行为一般情况下按诈骗罪的共同犯罪论处。

以案说法

1. 胡某明等人提供通信传输技术支持诈骗案

2020年8月至9月，胡某明、付某明知上线在实施电信网络诈骗，仍然接受上线提供的网络通讯设备及电话卡，并由胡某明购买笔记本电脑、网线等设备，将电脑与通讯设备连接后供上线远程操作拨打诈骗电话。胡某明提供其账户收取上线支付的费用，共收到205898.68元，胡某明与付某将这些钱用于购买相关设备及日常开支。二人还招人负责设备、电话卡等事宜。经查，上线通过付某、胡某明等人提供的通讯传输技术支持，帮助上线骗得被害人合计264070.87元。

法院经审理认为，付某、胡某明等人伙同上线以非法占有为目的，以电信为媒介，虚构事实、隐瞒真相，并为此提供通讯传输技术支持，骗取他人财物，数额巨大，其行为均构成诈骗罪，判处付某有期徒刑3年，并处罚金3万元；判处胡某明有期徒刑3年，并处罚金2.5万元。

2. 郑某如等人提供服务器托管等帮助诈骗案

2020年8月，由马某操作“GOIP”等通讯设备，“甜瓜”等人冒充淘宝、唯品会等网购平台客服人员，对被害人实施电信诈骗活动，马某以每天每张SIM电话卡收取700元至900元作为报酬。其间，马某先后发展郑某如、郑某燕、蔡某明、杜某燕等人加入该犯罪团伙，各自操作持有的“GOIP”等设备正常运行，协助上游犯罪团伙实施电信诈骗。

经统计，在郑某如操作“GOIP”等通讯设备协助上游犯罪团伙使用 SIM 电话卡实施电信诈骗期间，该诈骗团伙共实施诈骗 22 宗，骗得被害人合计 1016894 元；在郑某燕操作设备期间，该诈骗团伙共实施诈骗 19 宗，骗得被害人合计 967794 元；在蔡某明操作设备期间，该诈骗团伙共实施诈骗 16 宗，骗得被害人合计 709557 元；在杜某燕操作设备期间，该诈骗团伙共实施诈骗 12 宗，骗得被害人合计 515550 元。

法院经审理认为，郑某如、郑某燕、蔡某明、杜某燕，以非法占有为目的，明知他人实施电信网络诈骗犯罪，仍为他人提供服务器托管、通讯传输等技术支持，骗取他人财物，数额特别巨大，其行为均已构成诈骗罪。判处郑某如有期徒刑 3 年 10 个月，并处罚金 3 万元。判处郑某燕有期徒刑 3 年 6 个月，并处罚金 2.5 万元。分别判处蔡某明、杜某燕有期徒刑 3 年 4 个月至 10 个月不等，并处罚金。

3. 廖某勤等人提供通讯传输等技术支持诈骗案

2021 年 4 月，廖某勤、肖某华通过网络社交软件认识上游同案人员后，明知他人在网络上实施电信网络诈骗，仍受人指使在温州等地租用办公场所，并由廖某勤以“上海赛恬信息咨询公司”等公司的名义，到移动公司申请安装企业宽带、固定电话。胡某则受指使，负责在上述租赁办公场所安装服务器，用于固定电话的外呼和语音功能。经查，涉案诈骗团伙利用上述通讯设备、电话号码冒充公检法机关实施诈骗。其间，该团伙于 2021 年 4 月 21 日骗取被害人 32500 元，于 2021 年 4 月 22 日骗取被害人 112800 元，于 2021 年 4 月 23 日骗取被害人 10 万元。肖某华、廖某勤共收取费用 32440 元，从中获利 1.6 万余元；胡某获利 1 万余元。

法院经审理认为，廖某勤、肖某华、胡某明知他人实施电信网络诈骗，仍为其提供通讯传输等技术支持，数额巨大，其行为已构成诈骗罪。廖某勤、肖某华、胡某系从犯，且归案后如实供述并自愿认罪认罚，肖某华、胡某的家属已代为退赃并且自愿赔偿被害人，均予以不同程度地减轻处罚。判决廖某勤犯诈骗罪，判处有期徒刑2年，并处罚金2万元；肖某华犯诈骗罪，判处有期徒刑1年9个月，并处罚金2万元；胡某犯诈骗罪，判处有期徒刑1年8个月，并处罚金2万元。

4. 郑某健等人提供通讯传输通道诈骗案

2013年5月，郑某健开设传奇营销公司（未进行工商登记），并雇用人员，通过租用境外服务器，利用VOS改号软件架设诈骗平台，通过提供改号、线路测试等技术服务，为诈骗团伙实施诈骗活动提供通讯传输通道，并从中获利。2013年6月，诈骗团伙利用郑某健提供的诈骗平台，骗取被害人人民币138.8万元。

2013年6月，郑某健还雇人继续在传奇营销公司为多个诈骗团伙提供诈骗平台，拨打诈骗电话13800余次。

法院经审理认为，郑某健及其所雇人员明知他人实施诈骗犯罪，仍提供通讯传输通道，该行为均已构成诈骗罪，其中郑某健诈骗数额特别巨大。郑某健等人在诈骗共同犯罪中起辅助作用，系从犯，归案后均能如实供述犯罪事实。据此，以诈骗罪判处郑某健有期徒刑7年3个月，并处罚金2万元；以诈骗罪判处其他人有期徒刑3年3个月至3年2个月不等，并处罚金。

专家建议

“GOIP”是一套互联网接入呼叫转移设备，借助该设备跳转，境外诈骗电话就变成了国内来电，而骗子正是利用这一点，冒充公检法、客服、银行工作人员实施诈骗。一台“GOIP”可供数十张甚至上百张手机SIM卡同时运行，并可实现设备与SIM卡分离和隐藏身份、逃避打击。设备安装成功后无须人员管理，即可在境外窝点远程登录使用。“GOIP”设备具有人机分离、可远程操控、可异地拨号等特点，是不法分子实施电信网络诈骗的重要工具。

诈骗团伙利用软件使其来电号码显示为预先设定的电话，冒充公检法、税务、电信、银行等部门工作人员拨打电话，以被害人个人信息泄露涉嫌犯罪为名，将假的通缉令或逮捕证发至互联网或微信，让被害人将钱转入“安全账户”或“监管账户”，或套取被害人的网银密码实施诈骗。

为此，如果遇到自称公检法、税务、电信、银行等部门工作人员来电，不管是何事，务必先通过客服或对公电话向有关单位核实确认身份。无论对方描述得多么紧迫，多么有诱惑力，也不能轻易相信电话内容。

明知他人实施电信网络诈骗，而提供改号软件、通话线路等技术服务时，发现主叫号码被修改为国内党政机关、司法机关、公共服务部门号码，或者境外用户改为境内号码，仍提供服务，构成何种犯罪？

根据《最高人民法院、最高人民检察院、公安部关于办理电信网络诈骗等刑事案件适用法律若干问题的意见》第4条第3款第 6 项的规定，该情形提供服务的行为一般情况下按诈骗罪的共同犯罪论处。

以案说法

1. 袁某提供网络改号技术将主叫号码改为公共服务部门号码诈骗案

2016 年 3 月至 9 月，袁某明知“阿某”等人实施电信网络诈骗犯罪，仍向服务器代理商崔某租用 11 台境外服务器，在服务器上安装 VOS 网络电话改号语音拨打软件后转租给电信诈骗团伙，同时为诈骗团伙提供 VOS 软件维护等技术支持，非法获利 2 万余元。诈骗团伙冒充邮政局、医保局、公安局、检察机关等单位工作人员，通过袁某提供的网络改号技术给被害人打电话，以被害人名下的银行卡涉嫌犯罪需要进行资金清查等为由，骗取 33 名被害人共计 1301139 元。

法院经审理认为，袁某明知其提供服务的对象在实施电信网络诈骗，仍提供安装了 VOS 网络电话改号语音拨打软件的服务器并提供 VOS 软件维护等技术支持，且事先与对方约定转移诈骗所得提成，通过拉卡拉 POS 机、环迅支付、汇潮支付第三方支付平台，帮助诈骗团伙转移诈骗所得，其行为已构成诈骗罪。

最终袁某因犯诈骗罪，被判处有期徒刑 12 年，并处罚金 20 万元。

2. 陈某等人提供改号软件、通话线路等技术服务诈骗案

陈某向张某盼购买回拨系统，张某盼明知出售改号软件违法仍按照陈某的要求在回拨系统上加装改号软件。陈某将该改号软

件提供给曾某泽等人（另案处理）诈骗使用，把去电显示号码修改为淘宝官方客服电话号码。

曾某泽等人故意在淘宝网店铺购买商品，并假装交易有误，让被害人取消交易后谎称自己的支付宝因被害人的违规取消交易被冻结，并发送事先已准备的假“支付宝冻结图”给被害人，骗得被害人手机号码后，再用改号软件拨打电话给被害人，冒充解决“支付宝被冻结问题”的淘宝客服工作人员，且谎称被害人因违规交易可能被查封店铺。取得信任后，曾某泽等人又索要被害人的QQ号码，以帮助解除支付宝冻结为由，远程操作被害人的支付宝，同时曾某泽等人购买游戏点卡并生成代付二维码，通过QQ将代付二维码发给被害人，捏造要重新提交保证金、将资金转移至安全账户、解某账户资金、参加淘宝活动等理由让被害人扫描该代付二维码付款进入游戏平台账户内。曾某泽等人共实施诈骗49起，涉案金额为2881983元。

法院经审理认为，陈某明知曾某泽等人实施电信网络诈骗犯罪，仍提供改号软件、通话线路等技术服务，并帮助曾某泽等人将主叫号码修改为淘宝官方客服电话号码，其行为构成诈骗罪。张某盼明知陈某等人利用信息网络实施犯罪，仍为其犯罪提供改号软件及服务器存储等技术支持，情节严重，其行为构成帮助信息网络犯罪活动罪。法院判决陈某犯诈骗罪，判处有期徒刑7年，并处罚金10万元。张某盼犯帮助信息网络犯罪活动罪，判处有期徒刑1年7个月，并处罚金2万元。

3. 王某等人提供网络改号服务诈骗案

2013年10月，王某在从事电脑销售生意时，发现为他人提供修改电话号码服务有利可图。为获取高额收益，王某决定着手开展网络改号服务，邀约孙某学组建网络电话平台，孙某学负责该平台的技术维护，同时雇用王某璇从事网络改号服务。截至2015年1月，王某、孙某学、王某璇在明知他人实施诈骗犯罪的情况下，仍为多个诈骗团伙提供改号服务。其中，某诈骗团伙利用上述网络改号服务，将呼出号码分别改为银行、快递公司、电商平台等客服电话号码，分别拨打诈骗电话5584人次、3794人次、4177人次，骗取钱财85955元、57986元、76926.87元。2014年12月4日，经远程勘验，涉案网络电话平台近3个月客户数量为37个，话单总量为421482人次。截至案发，王某等人通过售卖网络改号设备、收取改号服务费等共计获利34500元。

法院经审理认为，王某、孙某学、王某璇明知他人利用网络改号技术并通过拨打电话对不特定多数人实施诈骗，仍出售网络改号设备、提供网络改号服务，从中非法获利，其行为均已构成诈骗罪，且情节特别严重。根据在共同犯罪中的地位和作用，以及各自具有的量刑情节，以诈骗罪判处王某有期徒刑11年，并处罚金40万元；判处孙某学有期徒刑7年1个月，并处罚金5万元；判处王某璇有期徒刑5年6个月，并处罚金5万元。

专家建议

我们平时所接到的邮政局、医保局、公安局、检察机关、法院、银行、保险公司、医院、通讯运营商等单位工作人员或各大网络商业平台打来的客服电话，未必真实。因为基于现有技术，通过改号软件，很容易实现以假乱真。因此，对于与收付款、银行账号、获奖、保证金、二维码、赠送、充值、预付款、定金等相关的电话、短信及链接，务必谨慎，不要轻易相信。即便是常见的客服电话，亦要保持高度警惕。不要贪图小利，更不要听信他人而轻易转账。

8. 明知他人实施电信网络诈骗，而提供资金、场所、交通、生活保障等帮助，构成何种犯罪？

根据《最高人民法院、最高人民检察院、公安部关于办理电信网络诈骗等刑事案件适用法律若干问题的意见》第 4 条第 3 款第 7 项的规定，该提供帮助的行为一般情况下按诈骗罪的共同犯罪论处。

以案说法

1. 王某环为他人提供生活保障共同诈骗案

2016 年 6 月 18 日，王某环应韦某圣之邀到达海南省琼海市，其明知韦某圣、包某业、农某见实施电信诈骗活动，仍使用自己的身份证件为该三人登记住宿，其中王某环与韦某圣住一个房间，包某业与农某见住一个房间。2016 年 6 月 21 日，韦某圣、包某业、农某见分别在海南省琼海市多家银行 ATM 机上使用他人的银行卡将骗取被害人的 24 万元取出。四人在海南省作案后乘飞机到重庆市，仍由王某环使用其身份证件登记住宿，韦某圣等三人于 6 月 29 日使用他人的银行卡在银行 ATM 机上将王某甲被骗的 1.5 万元取出。韦某圣等三人取出的现金均被汇给台湾地区嫌疑人指定的银行账户，王某环为其三人提供住宿登记亦获得一定报酬。

王某环明知韦某圣、包某业、农某见实施电信诈骗，非法为他人转移资金，在该三人实施犯罪活动期间仍为该三人提供生活保障等方面的帮助，数额巨大，其行为已构成诈骗罪。最终，法院经审理认为王某环犯诈骗罪，判处有期徒刑3年，并处罚金3万元。

2. 颜某辉为他人提供资金帮助共同诈骗案

吴某美购买了一个赌博网站，通过后台操控赌博输赢的方式进行网络诈骗。颜某辉知悉后，为吴某美购买和运行该赌博网站提供资金支持，致使多名受害人被骗，共计39710元。

法院经审理认为，吴某美、颜某辉等人以非法占有为目的，利用虚构网络赌博网站，骗取他人财物，其行为构成诈骗罪，依法应予处罚；廖某斌、晏某雨明知他人利用虚构网络赌博网站，骗取他人财物，仍提供资金帮助，其行为构成诈骗罪。叶某基非法利用信息网络，情节严重，其行为构成非法利用信息网络罪。

法院判决，吴某美犯诈骗罪，判处有期徒刑4年8个月，并处罚金5万元。颜某辉犯诈骗罪，判处有期徒刑4年2个月，并处罚金4万元。其他人员分别被判处有期徒刑3年7个月至1年2个月不等，并处罚金。

专家建议

现实生活中，围绕电信网络诈骗犯罪，诱发、滋生了大量上下游关联违法犯罪，这些关联犯罪为诈骗犯罪提供各种“服务”和“支持”，形成以诈骗为中心的“黑灰色”犯罪产业链系列，如出售、提供公民个人信息、帮助转移赃款、提供场所、生活保障等活动。

在此种情况下，如果明知他人实施电信网络诈骗，坚决不能有提供资金支持、场所使用、交通帮助、生活保障等任何行为。如果是被他人无辜利用，发现后应及时停止相关行为，并保留相关证据，找到合适的时机，在确保安全的情况下，尽快报警。

总之，无论是出于友情帮忙，还是有偿服务，莫伸手，伸手必被捉。

9. 明知他人实施电信网络诈骗，而帮助转移诈骗犯罪所得及其产生的收益，套现、取现，构成何种犯罪？

对于明知是诈骗犯罪所得，而帮助转移诈骗犯罪所得及其产生的收益以及套现、取现等行为，根据《最高人民法院、最高人民检察院、司法部关于办理电信网络诈骗等刑事案件适用法律若干问题的意见》第 4 条第 3 款第 7 项的规定，对该行为以诈骗罪的共犯判处，体现了司法机关对电信网络诈骗关联犯罪从严惩处的态度。

以案说法

1. 王某俊提供资金支付结算账户诈骗案

2020 年 11 月，王某俊等人配合上线“大姐”通过微信实施网络诈骗。“大姐”建立微信群后将王某俊等人拉入群内，让他们通过微信添加被害人为好友，向被害人发送支付宝收款码、微信收款码、微信速购单小程序。王某俊等人按进账款每单提六个点后，将余下的赃款转至“大姐”银行账户。之后，王某俊等人按比例分成。王某俊等人有明确分工，分别负责联系上线，操作手机、跟进微信群信息，跑腿买饭、存钱，打杂，拉人、提供新微信账号。

2020 年 11 月 27 日晚，被害人田某女儿在使用手机玩游戏时被骗添加王某俊微信号，后在网上被骗 17727.73 元。2020 年 11 月 28 日晚，王某俊等人在酒店房间使用王某俊的手机和银行卡配合“大姐”进行网络诈骗，被害人张某被骗的 267512.09 元中有 4 笔共计 72600 元被转至王某俊的支付宝账户，之后进行转账、提现、返还给“上线”分成等操作。

法院经审理认为，王某俊以非法占有为目的，明知他人利用网络实施诈骗，仍提供资金支付结算账户，帮助他人转移诈骗所得赃款及套现、取现，其行为构成诈骗罪共同犯罪，且诈骗数额巨大。在共同犯罪中，王某俊起次要、辅助作用，系从犯，依法应当减轻处罚。最终法院判决王某俊犯诈骗罪，判处有期徒刑 2 年 4 个月，并处罚金 2 万元。

2. 潘某全帮助转移赃款诈骗案

他人冒用某投资公司财务人员的身份，以退还合同保证金为由骗取程某向指定的银行账户转账 98.5 万元、185 万元。

上述钱款到账后，潘某全为获取高额报酬，在明知他人实施诈骗的情况下，仍帮助转移赃款 98 万元。2019 年 11 月 23 日，潘某全被民警抓获归案。

法院经审理认为，潘某全明知他人实施电信网络诈骗犯罪，仍帮助转移诈骗犯罪所得，数额特别巨大，应依法予以惩处。潘某全在共同犯罪中起次要作用，系从犯，应当从轻、减轻处罚或者免除处罚；有前科，可酌情从重处罚。最终法院以诈骗罪判处潘某全有期徒刑6年7个月，并处罚金5万元。

3. 邓某翔等人帮助取现诈骗案

自2017年6月开始，邓某翔成为徐某明（另案处理）的下线在东莞市某镇“洗钱”。由徐某明的上线“比特”（另案处理）与徐某明联系，“比特”将附有密码的他人信用卡和身份证邮寄给徐某明，由徐某明交给邓某翔。邓某翔明知卡内的钱是他人诈骗所得款项，仍持卡到银行ATM取款机上取钱并交给徐某明。邓某翔每次取钱的金额是20万元至36万元不等，取完“黑钱”后将银行卡、取款回执及取出来的现金交给徐某明，徐某明把相应的提成份额扣除后，把剩余的“黑钱”存入“比特”指定的银行账户内。

2017年7月，邓某翔接替徐某明的位置直接联系“比特”，其间，刘某雄接受“比特”安排协助邓某翔取款。邓某翔将“比特”邮寄来的信用卡交给刘某雄等人按上述取钱方式到银行网点的ATM取款机上取钱。刘某雄在明知是他人实施诈骗所得的情况下到ATM取款机上取钱，每取一笔钱，邓某翔所得提成为该笔钱总额的4‰，刘某雄所得提成为自己取钱总额的4‰。至案发，刘某雄取款金额约700万元。

法院经审理认为，邓某翔、刘某雄以非法占有为目的，明知他人实施电信网络诈骗犯罪，仍帮助转移诈骗犯罪所得及其产生的收益、套现、取现，数额特别巨大，其行为均已构成诈骗罪。判决邓某翔犯诈骗罪，判处有期徒刑10年6个月，并处罚金1万元；刘某雄犯诈骗罪，判处有期徒刑 5 年，并处罚金 5000 元。

专家建议

帮助转移诈骗赃款，是电信网络诈骗犯罪转款环节的典型案件。电信网络诈骗犯罪分子为顺利实施诈骗行为，同时为了规避打击，往往分工协作，特别是将骗取钱款和转账取款分为不同环节。目前，为电信诈骗犯罪团伙取款、转移赃款已成为一些不法分子的职业，对此类犯罪应予以严厉打击。

明知他人实施诈骗活动，仍为其转移赃款，是诈骗行为得以完成的重要环节，在共同犯罪中仅属分工不同。对该类犯罪的严厉打击，彰显了我国依法打击电信网络诈骗犯罪的坚定决心。

10. 明知他人实施电信网络诈骗，而负责招募他人实施电信网络诈骗犯罪活动，或者制作、提供诈骗方案、术语清单、语音包、信息等，构成何种犯罪？

根据《最高人民法院、最高人民检察院、司法部关于办理电信网络诈骗等刑事案件适用法律若干问题的意见》第 4 条第 4 款的规定，该行为以诈骗罪的共同犯罪论处。

以案说法

1. 张某招募团队诈骗案

张某通过某虚假投资平台为廖某南的“公司”招募人员实施

电信网络诈骗活动，并参与对诈骗所得款项的分赃，从该平台处分得被害人被诈骗总金额3%的佣金。

张某、廖某南等人共骗取6名被害人的投资款共计628999.14元。张某获违法所得69300.05元，廖某南获违法所得8万元。

法院经审理认为，张某明知廖某南实施电信网络诈骗，仍负责为其招募团队实施电信网络诈骗活动，其行为构成诈骗罪的共犯，以诈骗罪追究其刑事责任，判处有期徒刑8年，并处罚金8万元。

2. 蔡某晋等人发送语音包诈骗案

蔡某晋等11人先后出境至西班牙，参加徐某军（在逃）等人在马德里成立的诈骗犯罪组织，利用电信网络技术手段对中国居民发送语音包或直接拨打电话的方式，冒充国家机关工作人员的身份，虚构被害人因个人信息泄露而涉嫌犯罪等虚假事实，以需要接受审查、资产保全等为名，骗取被害人刘某等10人钱款共计人民币321万余元。

法院经审理认为，蔡某晋等11人为共同实施诈骗犯罪而组成较为固定的犯罪集团，冒充司法机关等国家机关工作人员在境外实施电信网络诈骗，应酌予从重处罚。分别判处蔡某晋等人有期徒刑10年至5年不等，并判处罚金10万元至5万元不等。

专家建议

一方面，害人之心不可有。不要为犯罪组织招募他人实施电信网络诈骗犯罪，也不要为犯罪组织制作、提供诈骗方案、术语清单、语音包、信息等。另一方面，防人之心不可无。对于陌生人，甚至是亲朋好友的利诱，要有自己的明辨能力，不要因为蝇头小利而以身试法，也不能因为所谓的兄弟情义而突破底线。

法律直通车

《最高人民法院、最高人民检察院、公安部关于办理电信网络诈骗等刑事案件适用法律若干问题的意见》

四、准确认定共同犯罪与主观故意

（一）三人以上为实施电信网络诈骗犯罪而组成的较为固定的犯罪组织，应依法认定为诈骗犯罪集团。对组织、领导犯罪集团的首要分子，按照集团所犯的全部罪行处罚。对犯罪集团中组织、指挥、策划者和骨干分子依法从严惩处。

对犯罪集团中起次要、辅助作用的从犯，特别是在规定期限内投案自首、积极协助抓获主犯、积极协助追赃的，依法从轻或减轻处罚。

对犯罪集团首要分子以外的主犯，应当按照其所参与的或者组织、指挥的全部犯罪处罚。全部犯罪包括能够查明具体诈骗数额的事实和能够查明发送诈骗信息条数、拨打诈骗电话人次数、诈骗信息网页浏览次数的事实。

（二）多人共同实施电信网络诈骗，犯罪嫌疑人、被告人应对其参与期间该诈骗团伙实施的全部诈骗行为承担责任。在其所参与的犯罪环节中起主要作用的，可以认定为主犯；起次要作用的，可以认定为从犯。

上述规定的“参与期间”，从犯罪嫌疑人、被告人着手实施诈骗行为开始起算。

（三）明知他人实施电信网络诈骗犯罪，具有下列情形之一的，以共同犯罪论处，但法律和司法解释另有规定的除外：

1. 提供信用卡、资金支付结算账户、手机卡、通讯工具的；

2. 非法获取、出售、提供公民个人信息的；

3. 制作、销售、提供“木马”程序和“钓鱼软件”等恶意程序的；

4. 提供“伪基站”设备或相关服务的；

5. 提供互联网接入、服务器托管、网络存储、通讯传输等技术支持，或者提供支付结算等帮助的；

6. 在提供改号软件、通话线路等技术服务时，发现主叫号码被修改为国内党政机关、司法机关、公共服务部门号码，或者境外用户改为境内号码，仍提供服务的；

7. 提供资金、场所、交通、生活保障等帮助的；

8. 帮助转移诈骗犯罪所得及其产生的收益，套现、取现的。

上述规定的“明知他人实施电信网络诈骗犯罪”，应当结合被告人的认知能力，既往经历，行为次数和手段，与他人关系，获利情况，是否曾因电信网络诈骗受过处罚，是否故意规避调查等主客观因素进行综合分析认定。

（四）负责招募他人实施电信网络诈骗犯罪活动，或者制作、提供诈骗方案、术语清单、语音包、信息等的，以诈骗共同犯罪论处。

（五）部分犯罪嫌疑人在逃，但不影响对已到案共同犯罪嫌疑人、被告人的犯罪事实认定的，可以依法先行追究已到案共同犯罪嫌疑人、被告人的刑事责任。

第六章

电信网络诈骗涉案财物如何处理

 电信网络诈骗案件中的涉案赃款赃物如何处理？

根据《最高人民法院、最高人民检察院、司法部关于办理电信网络诈骗等刑事案件适用法律若干问题的意见》第7条的规定，公安机关在侦办电信网络诈骗案件的过程中，如果有被诈骗钱款或物品，应依法扣押、查封或冻结，并在向检察院移送审查起诉时将该涉案赃款赃物随案移送至检察院，并附清单。

检察院在提起公诉时，应一并将被扣押、查封、冻结的涉案财物移交受理案件的人民法院，同时可以就该涉案赃款赃物的处理提出意见。

法院在审判阶段，对于涉案银行账户或者涉案第三方支付账户内的款项，对权属明确的被害人的合法财产，应当及时返还。

以案说法

1. 李某包过驾照考试诈骗案

2019年8月至2021年7月，李某使用微信长期在朋友圈发布驾照考试科目二、科目三包过的诈骗广告，单科1800元，考试过后付款，并附上联系电话。同时，李某联系甘肃、青海、新疆、宁夏等以西北地区为主的一些广告经营者，长期发布上述诈骗广告，诱骗一些机动车驾驶证考试学员拨打电话，谎称自己有办法可以帮助学员通过考试，每科收取1800元的包过费，考试不通过不要钱。

李某让学员考试前将身份证号、考场名称等信息通过手机短信息发给他，考试结束后，让学员给他打电话或者他直接给学员打电话了解是否通过，然后索要每科 1795 元到 1800 元不等的包过费。实际上李某并未做任何帮助考试通过的行为，而部分学员误认为确实是因为得到了帮助才通过考试，就付了包过费。李某明知自己没有能力帮助学员通过驾照考试，为达到非法占有的目的，抓住驾照学员急于通过考试的心理，虚构事实，隐瞒真相，先后诈骗驾照考试学员 25 名，诈骗金额共计 64776 元。

法院经审理认为，李某以非法占有为目的，采用虚构事实、隐瞒真相的方法，骗取他人财物，数额巨大，其行为已构成诈骗罪。根据现有证据，扣押的 35 万元确系李某电信网络诈骗所得，且李某无法说明来源，故对有明确被害人的，应返还被害人，剩余的认定为违法所得，应依法予以追缴。

法院判决李某犯诈骗罪，判处有期徒刑 3 年 6 个月，并处罚金 1 万元；扣押的 35 万元，依法由扣押机关返还被害人，剩余部分作为违法所得，予以追缴，由扣押机关上缴国库；扣押的 iPhone 手机 3 部、VIVO 手机 1 部、银行卡 5 张、笔记本依法予以没收。扣押的 OPPO 手机 1 部、iPhone 手机 1 部、平板电脑、尾号为 9581 的交通银行信用卡 1 张依法返还李某。

2. 邹某蓉等人虚构民族资产解冻诈骗案

2019 年 8~9 月，邹某蓉冒充他人打电话给许某、胡某，虚构其在海外有一笔 3690 亿元的资产被美国政府扣押需要找人解冻，对许某、胡某团队实施诈骗。邹某蓉编造只要每人交纳 369 元的个人偶然所得税，待该笔资产解冻回国后，参与解冻该项目的人每人就可分得 369 万元的好处费。许某、胡某信以为真就开始组团交钱。

向某用在明知邹某蓉高价购买银行卡是拿去获取诈骗款的情况下，仍为了获取非法利益为邹某蓉提供帮助。在买卖银行卡环节，向某用获利 11000 元好处费。

法院经审理认为，邹某蓉以非法占有为目的，虚构事实诈骗他人财物 23985 元，属数额较大，其行为构成诈骗罪；向某用明知邹某蓉是为了获取犯罪所得款，仍为获取好处费而非法提供银行卡帮助获取赃款，其行为构成掩饰、隐瞒犯罪所得罪。对于各犯罪所得财物的处置问题，涉案银行账户或者涉案第三方支付账户内的款项，对权属明确的被害人的合法财产，应当及时返还。确因客观原因无法查实全部被害人，但有证据证明该账户系用于电信网络诈骗犯罪，且无法说明款项合法来源的，应认定为违法所得，予以追缴。故，本案各非法获利款项均应依法予以追缴，没收上缴国库，其中，邹某蓉非法获利 3985 元（已退赃，没收上缴国库），向某用非法获利 11000 元（已退赃，没收上缴国库）。对于已查证由其他同案人截留非法获利的部分，依法在其他同案人各自获利范围内予以追缴。

法院判决邹某蓉犯诈骗罪，判处有期徒刑 1 年 10 个月，并处罚金 1 万元；向某用犯掩饰、隐瞒犯罪所得罪，判处有期徒刑 10 个月，并处罚金 5000 元；公诉机关随案移送物品（详见随案移送赃证款物品清单）系本案作案工具、在案证据，依法予以没收处置（身份证及驾驶证属个人身份信息证明及驾驶资格证明，可予以返还）。

专家建议

司法实务中，不法分子的电信网络诈骗行为虽能被追究刑事责任，但诈骗的大部分或全部赃款，基本都会被不法分子挥霍一空或变相转移资产，被害人几乎很难能全部追回损失。

因此，电信网络诈骗的防范意识很重要，不要给不法分子提供任何可乘之机。否则，即便将不法分子绳之以法，所遭受的损失也难以追回了。

2. 电信网络诈骗案件中，司法机关查封、冻结及追缴的资金如不足以全额返还所有被害人，应如何处理？

根据《最高人民法院、最高人民检察院、公安部关于办理电信网络诈骗等刑事案件适用法律若干问题的意见（二）》第 17 条的规定，司法机关查扣的涉案账户内资金，应当优先返还被害人，如不足以全额返还，应当按照比例返还。

以案说法

1. 杨某等人利用互联网虚假投注平台诈骗案

杨某等人通过 QQ、微信等网络聊天工具，以加好友的方式向特定人群发送虚假的“重庆时时彩”信息截图，宣传多种虚假的“稳赚不赔”的购买彩票计划，冒充投注站工作人员，采取拖延、限制提现，删除账户等方式实施诈骗，诈骗包括张某在内的

321人共计1289万元。

公安机关依法对杨某等人的银行账号进行冻结，共冻结赃款675万元。

法院判决，以诈骗罪判处杨某等人有期徒刑14年至4年不等，并处罚金100万元至5万元不等。对于扣押、冻结在案的赃款675万元，由公安机关按比例返还被害人。未追缴的赃款继续追缴，由公安机关依法处理。

2. 李某伟等人利用虚假交易店铺诈骗案

李某伟、宋某龙预谋通过婚恋网站获取他人信息，然后假装女性身份与对方“谈恋爱”，让被害人在注册但未实际经营的淘宝、拼多多、微信等店铺中购买商品送给自己，以骗取被害人的钱财。经查实，李某伟、宋某龙等人通过上述方式先后骗取12名被害人共计人民币223945元。

法院以诈骗罪判处李某伟、宋某龙等人有期徒刑6年6个月至2年不等，并处罚金8万元至1万元不等。已收缴的赃款人民币20万元，按比例返还被害人；其余赃款人民币23945元继续追缴，返还被害人；作案工具蓝色华为手机一部予以没收，上缴国库。

专家建议

司法机关查扣的赃款，依法虽优先返还被害人，但司法实务中，绝大多数电信网络诈骗案件中所查扣的赃款，基本都远不足以弥补被害人的损失，甚至没有任何赃款可予以查扣，且经常会有部分被害人因不知情而未能报案。该情况下，被害人的损失仅能部分返还，甚至全部不能返还。此外，基于司法的程序要求及案件的复杂性，被害人即便能挽回损失，也要花费很高的时间和精力成本，代价惨痛。

3. 对于无法说明合法来源的财物，如果因客观原因无法查实全部被害人，该如何处理？

根据《最高人民法院、最高人民检察院、公安部关于办理电信网络诈骗等刑事案件适用法律若干问题的意见》第 7 条第 2 款的规定，确因客观原因无法查实全部被害人，但有证据证明涉案财物系用于电信网络诈骗犯罪，且不法分子无法说明款项合法来源的，应认定为违法所得，予以追缴。

以案说法

1. 唐某德冒充拍卖公司工作人员诈骗案

2019 年 4 月至 6 月，唐某德冒充“北京国际拍卖有限公司”工作人员，以帮助被害人许某拍卖收藏品为由，向被害人许某寄送五福至尊玉印等工艺品做抵押，取得被害人许某的信任。随后，唐某德以需要收取拍卖手续费、过户费等费用为由，收取被害人许某人民币 98900 元。

法院经审理认为，唐某德畏罪潜逃后，于 2020 年 8 月 3 日将其汽车变卖，并安排亲属为其保管卖车款。唐某德购买该车的时间为 2020 年 3 月，系在实施了有证据证实的诈骗行为之后。在侦查阶段，唐某德对于除犯罪以外的合法收入来源不能说明，也无证据证实其购车款来源于合法收入。虽因客观原因无法查实全部被害人，但唐某德买车的资金与其实施诈骗行为具有实质性关联，且唐某德无法说明购车款的合法来源，而卖车款只是购车款的另一种变现形式。因此，唐某德卖车后，委托亲属代为保管的资金属于应予收缴的违法所得。

法院判决唐某德犯诈骗罪，判处有期徒刑 4 年，并处罚金 3 万元；扣押、冻结在案的现金及银行存款共计人民币 858770.7 元，其中返还被害人许某 98900 元，剩余部分依法予以没收，上缴国库。

2. 冯某进民族资产解冻诈骗案

冯某进以“民族资产解冻”的名义，虚构身份及基金项目，骗取王某、周某的信任，之后王某、周某分别多次将会员“报单”款转入冯某进提供并持有的中国农业银行卡账户。其中，王某被骗转账共计 104034 元；周某被骗转账共计 400000 元。

某县林业局向冯某进发放《林权证》，冯某进向第三方账户支付杉木林转让款 40 万元、租地费用 13 万元。

法院经审理认为，冯某进以非法占有为目的，虚构事实，隐瞒真相，骗取他人财物共计 504034 元，数额巨大，其行为构成诈骗罪。对冯某进被冻结的银行卡余款及第三方账户内的款项，有证据证明该账户系用于电信网络诈骗犯罪，且无法说明款项合法来源，依法应认定为违法所得，予以追缴；且冯某进被扣押的现金 78700 元，依法也应认定为违法所得，予以追缴。

法院判决冯某进犯诈骗罪，判处有期徒刑 11 年，并处罚金 8 万元。冯某进非法所得 504034 元，已被扣押的现金 79800 元，及冯某进名下被冻结的 2 张银行卡余额共计 1579 元及孳息，公安局依法冻结第三方账户收取的杉木林转让款40万元、租地费用13万元及其孳息，依法返还已查明的被害人。其余非法所得，确因客观原因无法查实全部被害人，但有证据证明资金来源于冯某进电信网络诈骗犯罪，且冯某进不能说明款项合法来源，依法应认定为违法所得，予以追缴，上缴国库。

专家建议

基于电信网络诈骗行为的网络方式、时空距离及虚拟性质，经常会有被害人因不知情而未予报案，由此导致司法机关在认定赃款并追缴后，无法发还被害人。在此情况下，应认定为违法所得，予以追缴。

绝大部分被害人早晚都会发现自己被骗的。在此情况下，被害人应及时报案，并提交相应的证据，与办案单位进行充分沟通，争取将被骗的财产发还，以挽回损失。

4. 不法分子已将诈骗财物用于清偿债务、无偿或低价转让给他人，对方明知是诈骗财物而收取，如何处理？

根据《最高人民法院、最高人民检察院、公安部关于办理电信网络诈骗等刑事案件适用法律若干问题的意见》第7条第3款的规定，对于不法分子已将诈骗财物用于清偿债务、无偿或低价转让给他人，而对方明知是诈骗财物仍收取的，应当依法追缴。

以案说法

1. 邵某雄帮助他人转移赃款诈骗案

2014 年底，邵某雄受他人纠集，明知是通过电信诈骗活动收取的赃款，仍然从银行取出后汇入上线指定的银行账户，并从中收取取款金额的 10%作为报酬。之后，邵某雄发展张某作为下线，向张某提供了数套银行卡，承诺支付取款金额的 5%作为报酬，同时要求张某继续发展多名下线参与取款。2014 年 12 月至 2015 年 7 月，邵某雄参与作案 38 起，涉案金额 48.44 万元。2016 年 2 月，邵某雄到公安机关投案。

2015 年 8 月，邵某雄用诈骗所得的 20 万元偿还所欠蒋某山的债务。蒋某山明知这 20 万元是邵某雄通过诈骗方式获取的，仍然收取了。

法院经审理认为，邵某雄以非法占有为目的，伙同他人利用电信网络采取虚构事实的方法，骗取他人财物，数额巨大，其行为已构成诈骗罪。蒋某山明知其收取的 20 万元系邵某雄通过诈骗方式获取，依法应予以追缴。据此，法院以诈骗罪判处邵某雄有期徒刑 5 年 3 个月，并处罚金 5 万元。向蒋某山追缴其取得的涉案财物人民币 20 万元。

2. 朱某涛等人虚假操纵农产品行情诈骗案

朱某涛等人出资组建了一个农惠现货交易平台，以虚拟资金操控交易平台为手段，共骗取客户资金 215 余万元及牧马人越野车一辆（价值约 55 万元）。

朱某涛将所骗取的牧马人越野车以 52 万元转让与张某，张某对该车辆系诈骗方式取得的来源知悉。

法院经审理认为，朱某涛以非法占有为目的，纠集和聘用艾某等人利用电子商务平台，操纵农产品行情诱骗客户交易，从客损中获利，数额特别巨大，其行为均已构成诈骗罪。张某对涉案牧马人越野车系由朱某涛通过诈骗方式取得的情况知悉。据此，法院以诈骗罪判处朱某涛等人有期徒刑11年至4年不等，并处罚金10万元至6万元不等。向张某追缴其取得的涉案牧马人越野车。

3. 杨某巍招嫖诈骗案

杨某巍利用电信网络，冒充可上门提供性服务的女性，使用微信与被害人聊天，在获取被害人信任后，给被害人打电话并发送二维码诱骗被害人转账付款，进而实施招嫖诈骗活动。通过以上方式，杨某巍共计骗取被害人8.7万元，并将其中的3.5万元偿还所欠李某斌的债务，李某斌对该3.5万元系来源于杨某巍电信网络诈骗方式取得知情。

法院经审理认为，杨某巍以非法占有为目的，通过互联网发布虚假信息，实施诈骗，骗取他人数额较大的财物，其行为已构成诈骗罪。且杨某巍系诈骗累犯，依法应从重处罚。据此，以诈骗罪判处杨某巍有期徒刑4年6个月，并处罚金2万元。向李某斌追缴其取得的涉案财物人民币3.5万元。

专家建议

明知是不法分子诈骗所得的赃款赃物，不要接受债务清偿、低价受让，该行为无效，所涉财物会被依法追缴。如果无偿受让诈骗所得财物，无论是否知情财物的性质，都会被依法追缴。因此，不要心存侥幸，否则必会“人财两空”，得不偿失。

5. 不法分子将诈骗财物无偿赠与他人，如何处理？

根据《最高人民法院、最高人民检察院、公安部关于办理电信网络诈骗等刑事案件适用法律若干问题的意见》第7条第3款的规定，诈骗财物如被不法分子无偿赠与他人，依法应当追缴。

以案说法

1. 余某洋虚构出售演唱会门票诈骗案

2019年10月12日，余某洋在百度某贴吧内留言卖演唱会门票的信息，被害人马某看见留言信息后打算购买，之后二人互加微信。2020年1月5日至4月24日，余某洋编造向支付宝公司交保证金、贷款逾期需要缴纳、交纳律师费等理由，骗取马某614459元。余某洋获取诈骗财物后，用于网络赌博、个人高消费、赠与女友、游戏充值等挥霍一空。

自2020年1月起，余某洋通过微信转账赠与赵某某32586元，通过微信、支付宝转账赠与胡某某103492.1元。

法院经审理认为，余某洋以非法占有为目的，虚构事实，骗取被害人马某人民币614459元，数额特别巨大，其行为构成诈骗罪，判决余某洋犯诈骗罪，判处有期徒刑10年，并处罚金8万元。向赵某某追缴其无偿取得的涉案财物人民币32586元，向胡某某追缴其无偿取得的涉案财物人民币103492.1元。

2. 童某侠“民族大业”诈骗案

童某侠以“民族大业”和“民族资产解冻”为名，在微信群内散发大量伪造的“任命书”“委托书”“中央军库派令”“梅花令”等身份证明及文件，伪造国家机关文件，以受国家机关指派来解冻民族资产为由，要求民众交纳报名费、办证费、会员费，加入“中华民族大业”组织后，就可以获得等次不同的扶贫款和奖励等高额回报。该组织还以到人民大会堂开会为由收取统一服装费，以公证、转账手续费、保证金等理由收取费用。

会员所交纳的费用由各省市负责人汇总后转入童某侠的银行卡上，童某侠再把款项转到相应项目的“海外老人”助理的银行卡上，共骗取他人财物合计 9500 余万元，其中 4800 余万元无偿转入“海外老人”助理的银行账户。

法院经审理认为，童某侠等人行为均已构成诈骗罪。童某侠利用虚假的任命身份等文件，以“民族资产解冻”的名义开展各种以小博大的收费活动。据此，法院以诈骗罪判处童某侠有期徒刑 13 年，剥夺政治权利 3 年，并处罚金 20 万元；以诈骗罪判处张某峰等人有期徒刑 6 年至 3 年不等。向“海外老人”助理追缴其无偿取得的涉案财物人民币 4800 余万元。

3. 薛某某销售假冒伪劣化妆品、保健品诈骗案

薛某某以网上销售化妆品、保健品为诱饵，步步设局骗取顾客汇款，在百度建立“疤无痕”“老中医丰胸、祛斑”“郑多燕减肥”等诈骗网站，设立 400 客服电话、53 快服系统和网站 QQ 联系方式，通过邀约、招聘亲友及同学参加。

薛某某以货到付款、无效全额退款为诱饵，诱骗被害人购买

假冒伪劣化妆品、保健品，然后冒充专家以指导产品使用为借口，通过推荐高级配方、补齐整数退款、退款先交税等理由骗取被害人汇款，累计实施诈骗125起，涉案金额167.4万元。

其间，薛某某使用诈骗赃款22万元，为女友何某购买丰田小轿车一辆。案发后经依法追缴，挽回被害人经济损失139.9万元。

法院以诈骗罪判处被告人薛某某有期徒刑12年，并处罚金人民币10万元。依法向何某追缴涉案丰田小轿车。

专家建议

天上不会掉馅饼，更没有免费的午餐。所有的获取，都需要靠自己的双手辛勤劳动，等价交换。对于有些无偿受赠，要慎之又慎，除需要依法返还之外，还可能需要承担诸如诈骗罪的共同犯罪或掩饰、隐瞒犯罪所得等罪的法律责任。

6. 不法分子将诈骗财物转让给他人，受让方以明显低于市场的价格取得诈骗财物，如何处理？

根据《最高人民法院、最高人民检察院、公安部关于办理电信网络诈骗等刑事案件适用法律若干问题的意见》第7条第3款的规定，不法分子如将诈骗所得财物转让给他人，对方以明显低于市场的价格取得诈骗财物，依法应当追缴。

以案说法

1. 彭某等人征婚诈骗案

2015年底，以彭某、李某为“主任”，多人为成员的诈骗团伙，先后在陕西省西安市、山东省临沂市租住房屋，先是以女性身份在婚恋网站注册个人信息，锁定征婚男性后，加微信或QQ，通过聊天博取对方好感，确定恋爱关系，随后便编造各种借口，如家中亲人生病需要用钱、见面需要路费等理由向对方“借钱”。该团伙先后诈骗山东省阳信县及江西省新余市、湖南省常宁市、安徽省黄山市、内蒙古自治区根河市、四川省崇州市等多地被害人共计人民币50835.20元以及凯迪拉克车辆一台（市价约人民币30万元）。

其间，彭某将该凯迪拉克车辆以明显低于市场的价格10万元转让给李某琦。

人民法院判决彭某犯诈骗罪，判处有期徒刑3年6个月，并处罚金2万元；李某犯诈骗罪，判处有期徒刑3年2个月，并处罚金25000元；判处其他成员有期徒刑10个月至1年3个月不等，并处罚金；责令彭某等人退赔被害人4900元至15100元不等；向李某琦追缴涉案凯迪拉克小轿车。

2. 李某会冒充国家工作人员诈骗案

2011年10月，李某会伙同他人组成诈骗团伙，通过改号平台将拨打的电话改为当地公安、检察机关号码，后冒充公安、检察机关或者银监局工作人员利用语音网关拨打电话行骗。2012年2月9日至4月26日，李某会所在的犯罪团伙作案24起，骗取钱财共计人民币 488039 元，并将所骗取一块市场价值约 30 万元的和田玉石，以 12 万元转让于李某晓。

法院经审理认为，李某会以非法占有为目的，采取虚构事实的方法，骗取他人财物，数额巨大，其行为已构成诈骗罪。李某会归案后如实供述自己的罪行，具有坦白情节，依法可以从轻处罚。李某会在案发后主动退还部分赃款，还可酌情从轻处罚。综上，对李某会以诈骗罪判处有期徒刑 7 年 6 个月，并处罚金 10 万元。依法向李某晓追缴涉案赃物和田玉石。

专家建议

司法实务中，不法分子常将诈骗所得财物无偿或低价转让他人，变相转移赃款。如果受让人以明显低于市场的价格取得诈骗财物，可以推定其对赃款赃物的非法来源系明知，依法应予追缴。

因此，如果有人向各位读者无偿或低价转让财物务必谨慎，不要贪图便宜，存有侥幸心理，否则必会人财两空，得不偿失。

7. 不法分子将诈骗财物转让给他人，受让方取得诈骗财物系源于非法债务或者违法犯罪活动，如何处理？

根据《最高人民法院、最高人民检察院、公安部关于办理电信网络诈骗等刑事案件适用法律若干问题的意见》第 7 条第 3 款的规定，不法分子如将诈骗所得财物转让给他人，受让方取得诈骗财物系源于非法债务或者违法犯罪活动，依法应当追缴。

以案说法

1. 陈某慧利用“钓鱼网站”诈骗案

陈某慧纠集他人结成诈骗团伙，群发“奔跑吧兄弟”等节目的虚假中奖信息，诱骗收到信息者登录“钓鱼网站”填写个人信息认领奖品，后以兑奖需要交纳保证金、公证费、税款等为由，骗取被害人财物，再通过冒充律师、法院工作人员以被害人未按要求交纳保证金或领取奖品构成违约为由，恐吓要求被害人交纳手续费。2016年6月至8月，共骗取63名被害人共计681310元，骗取其他被害人财物共计359812.21元。其中一名被害人得知受骗后，于2016年8月29日自杀。陈某慧还通过冒充“爸爸去哪儿”等综艺节目发送虚假中奖诈骗信息共计73万余条。

2016年7月，陈某慧将犯罪非法所得15万元用于偿还所欠张某鹏的赌资。

法院经审理认为，陈某慧等人以非法占有为目的，结成电信诈骗犯罪团伙，采用虚构事实的方法，通过利用“钓鱼网站”链接、发送诈骗信息、拨打诈骗电话等手段针对不特定多数人实施诈骗，其行为均已构成诈骗罪。陈某慧纠集其他同案人参与作案，在共同诈骗犯罪中起主要作用，系主犯，又有多个酌情从重处罚情节。陈某慧偿还张某鹏的赌资人民币15万元属于非法债务，依法应予追缴。

据此，法院以诈骗罪判处陈某慧无期徒刑，剥夺政治权利终身，并处没收个人全部财产。向张某鹏追缴其取得的涉案赃款人民币15万元。

2. 谢某丰等人推销假冒保健产品诈骗案

2012年10月至2013年7月，谢某丰、谢某骋利用从网络上非法获取的公民个人信息，聘用多个话务员，冒充中国老年协会、保健品公司工作人员等身份，以促销、中奖为诱饵，向一些老年人推销无保健品标志、未经卫生许可登记的“保健产品”，共销售3000余人次，涉及全国20余省，涉案金额共计1886689.84元，并骗取一辆哈雷摩托车（价值12万元）。后因保管不善，涉案哈雷摩托车被左某鸣盗窃占有。

法院经审理认为，谢某丰、谢某骋等人以非法占有为目的，采取虚构事实、隐瞒真相的方法，以推销假冒保健产品的手段骗取他人财物，其行为均已构成诈骗罪，二人均系主犯。据此，以诈骗罪分别判处谢某丰、谢某骋有期徒刑11年，并处罚金10万元。以盗窃罪判处左某鸣有期徒刑1年6个月，并向左某鸣追缴涉案哈雷摩托车。

专家建议

对于合法的债权、债务及贷款、利息等，我国法律予以保护。而对于包括赌资、高利贷、内部分赃的欠款等在内的非法债务，法律因其非法性而不予保护。用诈骗所得赃款清偿非法债务，因债务的非法性而缺乏法律保护的基础，进而导致清偿行为无效，且司法机关由此必会予以追缴。

8. 他人善意取得诈骗财物，如何处理？

根据《最高人民法院、最高人民检察院、公安部关于办理电信网络诈骗等刑事案件适用法律若干问题的意见》第7条第3款第2项的规定，不法分子如将诈骗财物用于清偿债务或者转让给他人，他人善意取得诈骗财物的，不予追缴。

以案说法

1. 周某强操纵股票交易诈骗案

周某强为实施诈骗活动成立了公司，以“公司能调动大量资金操纵股票交易”“有实力拉升股票”“保证客户有高收益”等为诱饵，骗取股民交纳数千元不等的“会员费”“提成费”。由所谓的“专业老师”和“专业老师助理”负责“指导”已交纳“会员费”的客户购买股票，并安抚因遭受损失而投诉的客户，避免报案。周某强诈骗犯罪团伙利用上述手段诈骗344名被害人，骗得钱款共计3763400元，并骗取天然翡翠一块（市值约35万元）。

2011年5月，周某强将所骗取的天然翡翠以37.5万元转让与不知情的王某兵，双方交易已将履行完毕。

法院经审理认为，周某强等人采用虚构事实、隐瞒真相的方法，以“股票服务”为手段骗取他人钱款，其行为已构成诈骗罪。其中，被告人周某强以实施诈骗犯罪为目的成立公司，招聘人员，系主犯。王某兵对于涉案天然翡翠来源不知情，且系按照市场价格购买，其取得涉案天然翡翠系出于善意，依法无须向王某兵追缴。但涉案天然翡翠售卖款属于赃款，依法向周某强追缴。

法院以诈骗罪判处周某强有期徒刑 15 年，并处没收财产人民币 100 万元；以诈骗罪判处其他员工有期徒刑 10 年至 2 年 6 个月不等，并处罚金。

2. 吴某龙等人医保诈骗案

吴某龙等人通过网络电话向固定电话用户群发送语音信息，谎称被害人“医保卡出现异常，请回拨电话”。待被害人回拨时，电话先后转到冒充的医保中心、公安机关、检察机关工作人员处以取得被害人信任，套取个人信息，要求被害人将银行卡内的存款转到指定账户，进行所谓的“资金清查比对”，以此骗取被害人钱财。吴某龙等人诈骗金额共计 10192500 元。其间，吴某龙用其所诈骗赃款向张某发偿还车辆购买款 27.5 万元，张某发对该 27.5 万元的来源及性质不知情。

法院经审理认为，吴某龙等人以非法占有为目的，通过互联网等电信技术方式发布虚假信息，对不特定多人实施诈骗，其行为均已构成诈骗罪。吴某龙向张某发偿还车辆购买款 27.5 万元，系基于双方之间的合法债权债务，且张某发对于吴某龙的还款来源及性质并不知情，其主观方面系出于善意，依法无须对张某发追缴该 27.5 万元。据此，以诈骗罪判处吴某龙等人有期徒刑 13 年 6 个月至 2 年不等，并处罚金。

专家建议

根据我国《民法典》第 311 条的规定，“善意取得”需具备以下条件：（1）受让人受让该不动产或者动产时是善意；（2）以合理的价格转让；（3）转让的不动产或者动产依照法律规定应当登记的已经登记，不需要登记的已经交付受让人。符合上述三个条件，受让人即取得该不动产或者动产的所有权。

因此，如果取得财物时对财物来源不知情，且已支付合理对价，同时该财物已经交付或办理登记，就不用担心该财物会被追缴或返还。但千万不可明知受让财物源于犯罪所得仍取得，此时无论是有偿取得还是无偿取得，亦不论是否已交付或办理登记，都会被继续追缴或返还。如此不仅财物两空，还可能面临掩饰、隐瞒犯罪所得罪的法律责任风险。

法律直通车

《最高人民法院、最高人民检察院、公安部关于办理电信网络诈骗等刑事案件适用法律若干问题的意见》

七、涉案财物的处理

（一）公安机关侦办电信网络诈骗案件，应当随案移送涉案赃款赃物，并附清单。人民检察院提起公诉时，应一并移交受理案件的人民法院，同时就涉案赃款赃物的处理提出意见。

（二）涉案银行账户或者涉案第三方支付账户内的款项，对权属明确的被害人的合法财产，应当及时返还。确因客观原因无法查实全部被害人，但有证据证明该账户系用于电信网络诈骗犯罪，且被告人无法说明款项合法来源的，根据刑法第六十四条的规定，应认定为违法所得，予以追缴。

（三）被告人已将诈骗财物用于清偿债务或者转让给他人，具有下列情形之一的，应当依法追缴：

1. 对方明知是诈骗财物而收取的；

2. 对方无偿取得诈骗财物的；

3. 对方以明显低于市场的价格取得诈骗财物的；

4. 对方取得诈骗财物系源于非法债务或者违法犯罪活动的。

他人善意取得诈骗财物的，不予追缴。

第七章

电信网络诈骗案件的办理程序及证据收集

1. 不法分子实施电信网络诈骗，一般使用哪些工具？

不法分子在实施电信网络诈骗时，所使用的工具和设备一般为计算机、服务器、伪基站设备、改号软件设备、手机、座机、资金支付结算设备等物品。

以案说法

刘某等人发布虚假信息诈骗案

2018 年 4 月至 7 月，刘某、郑某杰驾驶车辆并携带伪基站设备，在多个城市使用伪基站设备、改号软件设备、资金支付结算设备、手机和笔记本电脑，冒用工商银行、建设银行、中国银行名义给中国联通、中国移动客户发送诈骗短信。2019 年 6 月 25 日，刘某、郑某杰在太原市五一广场发送诈骗短信时被当场抓获，并查获涉案车辆及作案设备等物品。经鉴定，二人发送诈骗短信共计 144475 条，骗取 57 人共计 127496 元。

法院经审理认为，刘某、郑某杰通过短信发布虚假信息，对不特定多数人实施诈骗，二人的行为均已构成诈骗罪，且情节特别严重。以诈骗罪判处刘某有期徒刑 6 年 2 个月，并处罚金人民币 4 万元；判处郑某杰有期徒刑 5 年 4 个月，并处罚金人民币 3 万元。

所使用的伪基站设备、改号软件设备、资金支付结算设备、手机和笔记本电脑等属于犯罪工具，依法予以没收。

专家建议

近几年来，利用伪基站实施电信诈骗的手段翻新、案件频发。不法分子携带伪基站设备在全国各地流动发送诈骗短信，针对不特定多数人实施诈骗，波及地域广，社会危害性大。

根据《最高人民法院、最高人民检察院关于办理诈骗刑事案件具体应用法律若干问题的解释》第5条第2款，以及《最高人民法院、最高人民检察院、公安部关于办理电信网络诈骗等刑事案件适用法律若干问题的意见》第2条第4款的规定，对电信诈骗数额难以查证，但发送诈骗信息5000条以上，或拨打诈骗电话500人次以上，或在互联网上发布诈骗信息，页面浏览量累计5000次以上，或诈骗手段恶劣、危害严重的，即可以诈骗罪（未遂）追究刑事责任。

再次提醒读者，不要轻易相信不明或可疑的电话或短信息，更不要轻易转账。

2. 如果遭遇电信网络诈骗，一般需要保留、收集哪些证据?

电信网络诈骗类案件，一般均为跨区域甚至是跨国、跨境犯罪，不法分子和被害人基本不会有面对面接触，对于大部分该类犯罪案件来说，证据的保留和收集一般都比较困难。

在遭遇电信网络诈骗时，需要保留和收集的证据包括但不限于：

（1）银行交易凭证类：银行支付凭证、网络转账记录、账户交易明细、现金收支凭证等。

（2）通信记录类：手机通话记录、短信记录、微信或 QQ 等网络聊天记录、电子邮件记录、监控视频、录音、录像、图片、书面合同、网址、网络浏览记录等。

（3）账号、昵称、密码类：QQ、微信、陌陌、财付通、支付宝、微博、阿里旺旺、Twitter、Facebook 等社交软件工具及直播平台的账号、昵称、密码。

（4）其他类：IP 地址登录信息、虚假广告信息、托运单、仓单、货单、邮寄单等。

以案说法

张某吉以恋爱为名诈骗案

2017 年下半年至 2018 年 9 月，张某吉通过微信聊天工具与被害人张某茜相识后，谎称自己是未婚男性微商，以恋爱为名获取张某茜的信任，并以赠送礼物及购买名牌包、名牌表等奢侈品，但需由张某茜先行垫付款项等虚假事由，先后作案 36 次，骗取张某茜共计 273.257 万元。其中，2018 年 7 月至 8 月，张某吉以赠送张某茜玛莎拉蒂轿车但需由其先行垫付款项为由，通过支付宝转账、银行卡汇款的方式，先后 18 次骗取张某茜共计 95.93 万元。

张某茜发现被骗后，立即着手收集证据。具体包括：两人之间的微信聊天内容，银行、微信及支付宝转账流水，电话通话录音等证据，并向公安机关报案。

法院经审理认为，张某吉以非法占有为目的，诈骗他人财物

273 万余元，数额特别巨大，其行为已构成诈骗罪。对张某吉以诈骗罪判处有期徒刑 13 年 6 个月，并处罚金 5 万元。

专家建议

不法分子利用微信聊天、网络支付方式行骗，诈骗手段仍较为传统，技术含量并不高，之所以能骗得巨额财物，与被害人网络交友不够谨慎有直接关系。多数被害人直到最终侦破案件，谎言被戳穿，才相信自己已上当受骗。

在此，特别要提醒通过网络婚恋交友的人们，要培养必要的安全意识，尤其是涉及经济往来时，不要轻信对方的承诺，更不要轻易汇款，避免上当受骗。

3. 电信网络诈骗中的电子数据一般有哪些？

电子数据是指案件发生过程中形成的，以数字化形式存储、处理、传输的，能够证明案件事实的数据。电子数据包括但不限于下列信息、电子文件：

（1）网页、博客、微博客、朋友圈、贴吧、网盘等网络平台发布的信息。

（2）手机短信、电子邮件、即时通信、通讯群组等网络应用服务的通信信息。

（3）用户注册信息、身份认证信息、电子交易记录、通信记录、登录日志等信息。

（4）文档、图片、音视频、数字证书、计算机程序等电子文件。

以案说法

王某开发赌博网站诈骗案

郑某提供资金，由王某在安徽省合肥市招募、组织代某阳等人共同开发“彩票”“棋牌百家乐”“捕鱼”等赌博性质的违法犯罪平台网站及相关计算机程序。其中“彩票”平台具有预设开奖结果的功能设置。经查，王某系该团伙负责人，代某阳从事程序前端开发工作。

其间，王某等人使用郑某等人提供的境外手机卡并要求“工作”相关事宜均只能在境外通讯软件“Telegram”中沟通，不得使用QQ、微信等国内通讯软件。

经公安机关对用户注册信息、身份认证信息、电子交易记录、登录日志、通讯软件等信息以及计算机程序等电子文件取证查实，上述网站及程序被他人以“飞天彩票”“飞天国际”等形式植入“轻聊”APP中并被用作电信网络诈骗犯罪，造成被害人累计被骗取180余万元。

法院以诈骗罪分别判处王某、郑某有期徒刑12年6个月和11年6个月，并处罚金。代某阳伙同他人，共同利用信息网络建立可用于实施赌博、诈骗等违法犯罪活动的网站，法院以非法利用信息网络罪判处代某阳有期徒刑1年6个月，缓刑2年，并处罚金人民币12万元。

专家建议

跨境电信网络诈骗犯罪往往涉及大量的境外证据和庞杂的电子数据，且不法分子经常是有一定流动性的电信网络诈骗犯罪组织或犯罪集团。

针对该类犯罪，相关电子数据证据取证相对较为困难，程序也较为复杂。为此，对于不熟悉或可疑的网页、博客、微博客、朋友圈、贴吧、网盘等，在不确定是否安全以前，千万不要点击。而对于自己的用户注册信息、身份认证信息、电子交易记录、通信记录、登录日志等，注意保护，不要轻易泄露。

4. 针对跨境电信网络诈骗犯罪，公安机关一般如何取证？

根据《最高人民法院、最高人民检察院、公安部关于办理电信网络诈骗等刑事案件适用法律若干问题的意见》第 6 条第 1 款第 3 项、第 2 款的规定，办理属于跨境电信网络诈骗犯罪，公安机关会依照国际条约、刑事司法协助、互助协议或平等互助原则，请求证据材料所在地的司法机关收集和取证，或通过国际警务合作机制、国际刑警组织启动合作取证程序收集的境外证据材料，经查证属实，可以作为定案的依据。但在该种情况下，公安机关需要对证据来源、提取人、提取时间或者提供人、提供时间以及保管移交的过程等作出说明。

对其他来自境外的证据材料，应当对其来源、提供人、提供时间以及提取人、提取时间进行审查。能够证明案件事实且符合我国刑事诉讼法规定的，可以作为证据使用。

以案说法

萧某某等人境外冒充银行客服人员诈骗案

2013年6月至2014年7月，萧某某（外籍）纠集多人（中国籍、外籍均有）在越南胡某明市设置电信诈骗机房，雇用20余名人员，并以一、二线分组，分别冒充电商客服人员与银行客服人员诱骗被害人到银行ATM机上根据他们的指令操作。被害人在ATM机上操作时，被要求将账户内钱款存入指定的账户。继而，在境外的团伙人员通过网上银行将骗得钱款转账、取款，由萧某某提取后分赃。公安机关经侦查，通过国际警务合作机制，在越南胡某明市警方的配合下，取得关键证据，并于2014年11月12日将萧某某抓获。

法院以诈骗罪判处萧某某有期徒刑3年6个月，并处罚金人民币1万元。

专家建议

电信诈骗借助互联网技术的发展，越发呈现出跨境、跨地域、团伙作案、难辨认、受害范围广等特点，给人民财产造成了巨大损失，社会危害性极大。

依据《反电信网络诈骗法》的规定，在我国境内实施的电信网络诈骗活动或者我国公民在境外实施的电信网络诈骗活动，以及境外的组织、个人针对我国境内实施电信网络诈骗活动的，或者为他人针对境内实施电信网络诈骗活动提供产品、服务等帮助的，我国均有管辖权。

因此，如果遭遇跨境电信网络诈骗，要尽可能多收集、保留证据，并及时向公安机关报案。公安机关会通过国际警务合作机制、国际刑警组织等全面收集源于境外的证据材料，并抓获不法分子。

5. 电信网络诈骗案件一般由公安机关哪个部门具体负责办理？

根据《反电信网络诈骗法》的相关规定，公安机关应当建立完善打击治理电信网络诈骗工作机制，加强专门队伍和专业技术建设，各警种、各地公安机关应当密切配合，依法有效惩处电信网络诈骗活动。公安机关接到电信网络诈骗活动的报案或者发现电信网络诈骗活动，应当依照《刑事诉讼法》的规定立案侦查。

实务中，境内电信诈骗案件由各级刑侦部门统一负责侦办，网络安全、技术侦查、科技信息部门负责提供技术支撑，法制部门负责提供法律支撑，指挥中心、派出所等负责做好接警工作，其他警种、部门负责配合做好相关工作。

境外电信诈骗案件由公安部刑侦局统一负责组织侦办；境内电信诈骗案件由各省级刑侦部门负责组织侦办，重大、疑难、复杂的案件由公安部刑侦局直接组织侦办。

境内电信诈骗案件，窝点在重点整治地区的，由重点地区的省级刑侦部门承担案件侦办主要责任，地市级刑侦部门承担具体侦办任务。窝点不在重点整治地区的，由窝点地和汇款地刑侦部门协商确定案件主侦单位，经协商无法达成一致意见的，由两地所属的共同上级刑侦部门指定管辖。重大案件，由公安部刑侦局指定主侦单位。

主侦单位承担破案主要责任，具体负责案件的研判串并、落地侦查、统一抓捕、整体移诉等工作。协办地公安机关负责做好受理立案、信息收集、录入上报、制作卷宗等工作。主侦单位和协办地公安机关要加强协作配合。

主侦单位要对诈骗犯罪团伙进行立案，并负责侦办该团伙所涉全部案件。

以案说法

张某等人语音群呼跨国电信网络诈骗案

2019 年 7 月至 2020 年 8 月，张某等人先后在缅甸和肯尼亚参加对境内居民进行电信网络诈骗的活动。该团伙内部分工合作，利用电信网络技术手段对境内居民的手机和座机电话进行语音群呼，主要内容为“银行卡被盗用”“护照签证即将过期”“被限制出境管制”“身份信息可能遭泄露”等。当被害人按照语音提示进行操作后，电话会自动接通至冒充快递公司的客服人员，以帮助被害人报案为由，在被害人不挂断电话时，将电话转接至冒充公安局的办案人员，向被害人谎称“因泄露的个人信息被用于犯罪活动，需对被害人资金流向进行调查”，欺骗被害人转账、汇款至指定账户。截至案发，张某等人通过上述诈骗手段骗取 75 名被害人钱款共计人民币 2300 余万元。

因该案属于跨国电信网络诈骗，由我国公安部会同缅甸、肯尼亚国家公安部门协同办理，并由我国公安部刑侦局统一负责组织侦办。

法院以诈骗罪判处张某等人有期徒刑 15 年至 1 年 9 个月不等，并处剥夺政治权利及罚金。

专家建议

根据《最高人民法院、最高人民检察院、公安部关于办理电信网络诈骗等刑事案件适用法律若干问题的意见》的规定，电信网络诈骗案件一般由犯罪地公安机关立案侦查，如果由不法分子居住地公安机关立案侦查更为适宜的，可以由不法分子居住地公安机关立案侦查。犯罪地包括犯罪行为发生地和犯罪结果发生地管辖和侦办单位及部门。

因此，针对电信网络诈骗犯罪的不同类型、性质等因素，由不同单位和部门侦办，其他单位或部门予以协作配合。归根结底，目标就是提高办案效率，打击诈骗犯罪，维护百姓利益。

6. 针对电信网络诈骗案件的“紧急止付”程序是什么？

根据《反电信网络诈骗法》的相关规定，公安机关会同有关部门建立完善电信网络诈骗涉案资金即时查询、紧急止付、快速冻结、及时解冻和资金返还制度，明确有关条件、程序和救济措施。公安机关依法决定采取上述措施的，银行业金融机构、非银行支付机构应当予以配合。

实务中，针对电信网络诈骗案件，公安机关一般实行“谁接警、谁录入、谁负责”制度。公安机关刑警队、派出所在接报电信诈骗案件后，要第一时间问清涉案的一级账户（诈骗分子要求汇款人汇入的账户），并尽快（至迟不超过 30 分钟）将简要案情和一级账户的账号、姓名录入侦办平台，实时审核接警录入侦办平台的涉案账户信息，开展紧急止付、快速查询冻结工作。与电信诈骗案件无关的账户，一律不得录入侦办平台。

2016年6月1日，人民银行、银监会和公安部资金查控平台上线运行后，由各省级刑侦部门实时审核侦办平台录入的涉案账户信息，承担涉案资金紧急止付、快速查询冻结工作。各省级刑侦部门负责，根据一级账户拓展查询二级、三级账户等资金流向，直至该款项冻结或取款消费，并将取款ATM机终端号、POS机终端号、取款地点、银联交易信息等录入平台。

以案说法

韩某菊等人虚构国家工作人员诈骗案

韩某菊等6人在土耳其伊斯坦布尔市设立诈骗窝点担任话务员，假冒相关单位客服人员、司法工作人员，通过发送诈骗语音信息诱使被害人拨打诈骗窝点电话，虚构国家工作人员查案需要查验资金、收取保证金等事由，向不特定多数人实施诈骗。通过上述方式，该诈骗窝点共计骗取人民币2200余万元。

公安机关在接报电信诈骗后，高度重视，第一时间查明涉案相关人员收款银行账户，通过资金查控平台立即采取紧急止付措施，冻结赃款1760.5万元，最大限度减轻被害人财产损失。

专家建议

电信网络诈骗犯罪具有行为地域性、转移紧急性、信息科技性等特点，如果遭遇电信网络诈骗，务必及时向公安机关报案，并提交相关银行账号、ATM机终端号、POS机终端号、存取款地点、银联交易信息等尽可能详细的证据，便于公安机关通过资金查控平台立即采取紧急止付、快速查询冻结措施，进而能最大限度地挽回损失。

7. 公安机关如何确定电信网络诈骗的犯罪窝点？

实务中，公安机关派出所、责任区刑警队接警止付后，通过平台将案件信息推送至汇款地同级刑侦部门，由汇款地县级刑侦部门负责案件的受理、立案工作。

汇款地县级刑侦部门要根据案件类型，在两天内将案件情况、线索信息录入侦办平台对应的案件模块。

汇款地地市级刑侦部门接到平台上推送的本地案件发案情况后，要在网络安全、技术侦查部门的协助下，及时开展追踪溯源工作，并将获取的涉案电话号码、QQ 号码、微信号码、邮箱地址以及登录 IP 地址等信息录入侦办平台。其中，涉案 QQ 号码、微信号码、邮箱、登录 IP 地址等网络信息调查，由汇款地地市级网安部门负责；涉案手机、座机、商务总机号码等信息调查，由汇款地地市级技侦部门负责。

公安部刑侦局对平台录入的信息进行研判，发现诈骗窝点在境外的，由公安部刑侦局负责研判串并和侦查打击；发现诈骗窝点在境内的，交给诈骗窝点所在地的省级刑侦部门，由其负责开展研判串并和侦查打击。

以案说法

郑某明等人“垫还”信用卡诈骗案

2019年9月下旬，郑某明、孙某琳经合谋后至泰州市海陵区，利用当地手机卡注册微信号，加入相关信用卡、贷款等金融类微信群，谎称自己有信用卡需要“垫还”并愿意支付手续费。在骗取被害人李某佳信任后，孙某琳约李某佳见面，将相应需“垫还”的信用卡交给李某佳并告知密码。待李某佳在海陵区将相应“垫还”款项打入指定的信用卡，郑某明收到“还款”到账信息提示后，即刻通过招商银行手机掌上生活APP将该卡锁定，使得李某佳无法再将“垫还”款项刷出。之后郑某明通过电话进行信用卡挂失、补办，待收到新卡激活后，将赃款套现取出或者进行刷卡消费。郑某明、孙某琳先后三次骗取李某佳钱款合计68723元。

2019年10月，郑某明、孙某琳所在地的天津市武清区公安机关发现诈骗线索后，立即通过平台将案件信息推送至汇款地海陵区公安分局，由该区刑侦部门进行受理、立案。后泰州市公安局刑侦部门在技侦部门及网安部门的协助下进行追踪溯源，查明郑某明、孙某琳的电话号码、微信号码以及登录IP地址等信息，进而将两人抓获。

法院经审理认为，郑某明、孙某琳的行为均构成诈骗罪，且系共同犯罪。据此，以诈骗罪判处郑某明有期徒刑3年，并处罚金人民币3万元；以诈骗罪判处孙某琳有期徒刑3年，并处罚金人民币25000元。

专家建议

不法分子以信用卡需要“垫还”为名寻找被害人代其偿还，并以愿意支付手续费为由引诱被害人上当受骗，进而将卡锁定，诈骗被害人钱财。提醒广大读者，对于信用卡垫还等赚取手续费的广告，要予以警惕，切勿因小失大。

对于自己平日使用的电话号码、QQ号码、微信号码、邮箱地址以及登录IP地址、银行账号、快递、购物等信息，要注意防止泄露，以免被不法分子诈骗使用。

8. 公安机关如何对电信网络诈骗案件集中研判侦查？

针对电信网络诈骗案件，各级公安机关在实务中会坚持应采必采、应录必录，确保将案件涉及的全部线索和信息及时、准确地录入侦办平台。

公安机关各级刑侦部门要对案件涉及的资金流、信息流、人员流、灰色产业链开展全链条研判，力争将案件涉及的线索和人员全部梳理清楚。境内案件，由犯罪窝点地省级刑侦部门负责组织开展研判，串并全国案件。境外案件，由公安部负责开展研判，串并案件。

案件主侦单位和协办单位要根据研判成果，加强侦查经营，落地查找犯罪窝点，确定作案成员，串并核实案件，收集固定证据，实现“定人、定案、定位”。

以案说法

王某胜等人境外冒充国家工作人员诈骗案

胡某成（另案处理）在菲律宾通过架设 VoIP 电信线路，向中国大陆电信用户发起自动语音群呼，播放诸如“有邮件没有领取”等语音信息，诱使接听人按键回拨电话，冒充邮局、社保等部门工作人员以“查询挂号信、医保欠费”等为由，骗取被害人身份信息并记录后交给冒充公安、检察人员的“二线、三线话务员”，诱骗被害人将款项转入指定的“安全账号”或者以“资金比对”等方式进行诈骗。

接报案后，基于案件属于跨境犯罪，由公安部刑侦局负责开展研判，查找犯罪窝点，确定作案成员，串并核实案件，收集固定证据。

2014 年 1 月 16 日，我国公安人员与菲律宾共和国国家警察总局展开联合行动，在安吉利斯市抓获王某胜、熊某伟等 13 人，当场查获笔记本电脑、录音笔、U 盘等作案工具。

专家建议

如果遭遇电信网络诈骗，除要及早报案外，还应尽可能地向公安机关提供更多、更详尽的信息和证据，便于公安机关将案件涉及的线索和人员完整地梳理清楚，尤其是便于公安机关对资金流、信息流、人员流的掌握，进而才能及时、准确地落地查找犯罪窝点，确定作案人员，串并核实案件，收集固定证据，实现“定人、定案、定位”，最终抓获不法分子，为被害人挽回损失。

9. 公安机关如何对电信网络诈骗不法分子进行统一抓捕、移诉？

办案实务中，境内案件，由省、市公安机关组织抓捕；境外案件，由公安部指定有关地方公安机关组成工作组赴境外进行抓捕。

各地公安机关在抓捕过程中，由上级公安机关统一指挥，不会擅自行动。抓捕时要按照取证指引的要求，对抓捕现场的物证、书证、电子物证等证据进行勘验和收集，制作相关法律文书，并在两天内将上述信息汇总后录入平台。

公安部刑侦局统一负责台湾幕后组织者和骨干的研判抓捕工作。

境内案件，由省级公安机关指定主办地整体移诉；境外案件，由公安部指定主办地整体移诉。各涉案地公安机关要将抓获的犯罪嫌疑人和案件证据材料移送主办地。

各级公安机关在案件侦办过程中，要强化赃款追缴工作，并依法及时返还受害人。

以案说法

袁某勇等人境外吸引投资诈骗案

2020 年 11 月 28 日，袁某勇等人受邀赴柬埔寨加入某诈骗集团，被分配至某一小组，在小组中充当维护员，在群内发布虚假信息，利用各种话术在群内进行炒作，吸引诈骗被害人进行“赌博”，不断吸引被害人加大投资，直至被害人发现被骗并报案。

该案因属于境外犯罪案件，由公安部指定湖南省汨罗市公安局组成工作组赴境外，将袁某勇抓捕。后查明，袁某勇诈骗346人共计1345万余元。

法院以诈骗罪判处袁某勇有期徒刑12年6个月，并处罚金50000元。

专家建议

本案中，虽然实施犯罪行为、赃款取得、账目划转都是发生在境外或者互联网上，但是被害人均系我国公民。基于《刑法》规定的属人管辖原则和犯罪结果地管辖原则，我国司法机关有法定管辖权，且符合国际通行规则。本案属于跨境犯罪，故由公安部刑侦局侦办，并可指定地方公安机关组成工作组赴境外进行抓捕。

10. 针对电信网络诈骗前科人员及违法犯罪嫌疑的重点人员，公安机关是否有特殊管控措施？

各级公安机关对电信诈骗的前科人员和有违法犯罪嫌疑的重点人员会强化调查控制，主动干预，减少境外电信诈骗窝点话务员的来源。公安部和各地公安机关会建立电信诈骗违法犯罪人员信息库，实行积分预警、动态管控。

各级公安机关刑侦部门会根据工作需要，依法将有前科的电信诈骗违法犯罪人员报列为法定不批准出境人员或边控人员。出入境管理部门负责上述人员的出入境管控工作，并配合刑侦部门建立数据模型，加强分析比对，及时发现嫌疑人员。

各级刑侦部门会与重点城市的重点旅行社保持联系，及时发现嫌疑人员。

以案说法

张某利因电信诈骗被管控案

2017 年 8 月，张某利因在缅甸缅北地区对我国公民实施电信网络诈骗而被判处有期徒刑 2 年 6 个月，于 2020 年 2 月服刑期满被释放。公安机关将张某利录入电信诈骗违法犯罪人员信息库，实行积分预警、动态管控。张某利作为有前科的电信诈骗违法犯罪人员，被报列为法定不批准出境人员或边控人员。

2020 年 6 月，张某利欲通过中国国旅旅行团出境至泰国旅游，但在办理登机手续时被出入境管理处发现，未予批准出境，并被依法劝返。

专家建议

一旦有电信网络诈骗犯罪前科或违法犯罪嫌疑，必将会被调查控制和干预，并会被录入电信诈骗违法犯罪人员信息库进行预警、动态管控，且被报列为法定不批准出境人员或边控人员。对于出行和生活来说，可谓代价惨痛。

11. 针对电信网络诈骗案件，公安机关的挂牌督办制度是如何实施的？

针对重大、疑难的电信网络诈骗案件，由部、省两级公安机关挂牌督办，特大跨境电信网络诈骗犯罪案件甚至会由最高人民检察院与公安部联合挂牌督办，并在办案过程中给予专家、资源、技术等支持。

以案说法

黄某翔等人多级转账诈骗案

黄某翔等人办理银行卡并开通网上银行，使用计算机、手机等作案工具，检验银行卡能正常进出账后，将收款卡提供给境外诈骗嫌疑人“晖哥”，“晖哥”将诈骗钱款打入收款卡后，黄某翔等人通过快速多级转账的方式，将诈骗钱款连续分批转账多达十余级银行卡，后再将诈骗钱款转入“晖哥”指定的银行卡账户内。黄某翔等人办理4台POS机，将POS机寄送给河南诈骗嫌疑人使用，POS机接款后，再由他人实施多级转账至指定账户内。共涉案收取、转移诈骗款4712.8689万元。

本案属于有重大影响的电信网络诈骗犯罪，系公安部挂牌督办案件。

法院以黄某翔等人犯诈骗罪，判处有期徒刑13年6个月至3年不等，并处罚金。

专家建议

针对社会影响面大，后果严重的电信网络诈骗案件，公安部或省级公安机关会挂牌督办，以深入推进依法严厉打击电信网络诈骗犯罪重点攻坚专项工作，持续加大打击电信网络诈骗犯罪工作力度，严格落实“打源头、端窝点、摧网络、断链条、追流向”工作要求，对相关案件追根溯源、循线深挖，坚决摧毁犯罪窝点，坚决查处组织者、经营者、获利者，坚决斩断非法利益链条，切实捍卫广大人民的人身和财产权益。

法律直通车

《最高人民法院、最高人民检察院、公安部关于办理电信网络诈骗等刑事案件适用法律若干问题的意见》

二、依法严惩电信网络诈骗犯罪

……

（四）实施电信网络诈骗犯罪，犯罪嫌疑人、被告人实际骗得财物的，以诈骗罪（既遂）定罪处罚。诈骗数额难以查证，但具有下列情形之一的，应当认定为刑法第二百六十六条规定的“其他严重情节”，以诈骗罪（未遂）定罪处罚：

1. 发送诈骗信息五千条以上的，或者拨打诈骗电话五百人次以上的；

2. 在互联网上发布诈骗信息，页面浏览量累计五千次以上的。

具有上述情形，数量达到相应标准十倍以上的，应当认定为刑法第二百六十六条规定的“其他特别严重情节”，以诈骗罪（未遂）定罪处罚。

上述“拨打诈骗电话”，包括拨出诈骗电话和接听被害人回拨电话。反复拨打、接听同一电话号码，以及反复向同一被害人发送诈骗信息的，拨打、接听电话次数、发送信息条数累计计算。

因犯罪嫌疑人、被告人故意隐匿、毁灭证据等原因，致拨打电话次数、发送信息条数的证据难以收集的，可以根据经查证属实的日拨打人次数、日发送信息条数，结合犯罪嫌疑人、被告人实施犯罪的时间、犯罪嫌疑人、被告人的供述等相关证据，综合予以认定。

……

六、证据的收集和审查判断

（一）办理电信网络诈骗案件，确因被害人人数众多等客观条件的限制，无法逐一收集被害人陈述的，可以结合已收集的被害人陈述，以及经查证属实的银行账户交易记录、第三方支付结算账户交易记录、通话记录、电子数据等证据，综合认定被害人人数及诈骗资金数额等犯罪事实。

……

《最高人民法院、最高人民检察院、公安部关于办理刑事案件收集提取和审查判断电子数据若干问题的规定》

第一条 电子数据是案件发生过程中形成的，以数字化形式存储、处理、传输的，能够证明案件事实的数据。

电子数据包括但不限于下列信息、电子文件：

（一）网页、博客、微博客、朋友圈、贴吧、网盘等网络平台发布的信息；

（二）手机短信、电子邮件、即时通信、通讯群组等网络应用服务的通信信息；

（三）用户注册信息、身份认证信息、电子交易记录、通信记录、登录日志等信息；

（四）文档、图片、音视频、数字证书、计算机程序等电子文件。

以数字化形式记载的证人证言、被害人陈述以及犯罪嫌疑人、被告人供述和辩解等证据，不属于电子数据。确有必要的，对相关证据的收集、提取、移送、审查，可以参照适用本规定。

第八章

电信网络诈骗案件的预防主体和措施

1. 行政机关、司法机关及相关经营机构，如何防范电信网络诈骗？

根据《反电信网络诈骗法》的相关规定，有关部门、单位在反电信网络诈骗工作中应当密切协作，实现跨行业、跨地域协同配合、快速联动，职责明确，分工协作，相互配合，以有效打击治理电信网络诈骗活动。

国务院建立反电信网络诈骗工作机制，统筹协调打击治理工作。地方各级人民政府组织领导本行政区域内反电信网络诈骗工作，确定反电信网络诈骗目标任务和工作机制，开展综合治理。

公安机关牵头负责反电信网络诈骗工作，金融、电信、网信、市场监管等有关部门依照职责履行监管主体责任，负责本行业领域反电信网络诈骗工作。

人民法院、人民检察院发挥审判、检察职能作用，依法防范、惩治电信网络诈骗活动。

电信业务经营者、银行业金融机构、非银行支付机构、互联网服务提供者承担风险防控责任，建立反电信网络诈骗内部控制机制和安全责任制度，加强新业务涉诈风险安全评估。

2. 防范电信网络诈骗，有哪些具体有效措施？

根据《反电信网络诈骗法》的相关规定，为积极有效地防范电信网络诈骗，可通过通信治理、金融治理、互联网治理以及综合措施相结合的方式协同进行。

一、在通信治理方面

电信业务经营者依法全面落实电话用户真实身份信息登记制度，办理电话卡不得超出国家有关规定限制的数量，对经识别存在异常办卡情形的，电信业务经营者有权加强核查或者拒绝办卡。

电信业务经营者对监测识别的涉诈异常电话卡用户重新进行实名核验，并建立物联网卡用户风险评估制度，评估未通过的，不得向其销售物联网卡。严格登记物联网卡用户身份信息，采取有效技术措施限定物联网卡开通功能、使用场景和适用设备。

电信业务经营者对物联网卡的使用建立监测预警机制，并规范真实主叫号码传送和电信线路出租，对改号电话进行封堵拦截和溯源核查。

电信业务经营者严格规范国际通信业务出入口局主叫号码传送，真实、准确地向用户提示来电号码所属国家或者地区，对网内和网间虚假主叫、不规范主叫进行识别、拦截。

二、在金融治理方面

银行业金融机构、非银行支付机构为客户开立银行账户、支付账户及提供支付结算服务，在与客户业务关系存续期间，建立客户尽职调查制度，识别受益所有人，采取相应风险管理措施，防范银行账户、支付账户等被用于电信网络诈骗活动。

开立银行账户、支付账户不得超出国家有关规定限制的数量，对经识别存在异常开户情形的，银行业金融机构、非银行支付机构有权加强核查或者拒绝开户。

中国人民银行、国务院银行业监督管理机构组织有关清算机构建立跨机构开户数量核验机制和风险信息共享机制，并为客户提供查询名下银行账户、支付账户的便捷渠道。

银行业金融机构、非银行支付机构建立开立企业账户异常情形的风险防控机制，金融、电信、市场监管、税务等有关部门建立开立企业账户相关信息共享查询系统，提供联网核查服务，市场主体登记机关依法对企业实名登记履行身份信息核验职责。

银行业金融机构、非银行支付机构对银行账户、支付账户及支付结算服务加强监测，建立完善符合电信网络诈骗活动特征的异常账户和可疑交易监测机制。

中国人民银行统筹建立跨银行业金融机构、非银行支付机构的反洗钱统一监测系统，会同国务院公安部门完善与电信网络诈骗犯罪资金流转特点相适应的反洗钱可疑交易报告制度。

国务院公安部门会同有关部门建立完善电信网络诈骗涉案资金即时查询、紧急止付、快速冻结、及时解冻和资金返还制度，明确有关条件、程序和救济措施。

公安机关依法决定采取上述措施的，银行业金融机构、非银行支付机构予以配合。

三、在互联网治理方面

电信业务经营者、互联网服务提供者为用户提供互联网接入、网络代理、互联网域名注册、服务器托管、空间租用、云服务、内容分发、信息/发布、软件发布、即时通讯、网络交易、网络游戏、网络直播发布、广告推广等服务，在与用户签订协议或者确认提供服务时，要求用户提供真实身份信息，用户不提供真实身份信息的，不得提供服务。

互联网服务提供者根据公安机关、电信主管部门要求，对涉案电话卡、涉诈异常电话卡所关联注册的有关互联网账号进行核验，根据风险情况，采取限期改正、限制功能、暂停使用、关闭账号、禁止重新注册等处置措施。

设立移动互联网应用程序，需要按照国家有关规定向电信主管部门办理许可或者备案手续。

提供域名解析、域名跳转、网址链接转换服务，需核验域名注册、解析信息和互联网协议地址的真实性、准确性，规范域名跳转，记录并留存所提供相应服务的日志信息。

任何单位和个人不得为他人实施电信网络诈骗出售或提供个人信息、帮助他人通过虚拟货币交易等方式洗钱。

公安机关办理电信网络诈骗案件依法调取证据的，互联网服务提供者须及时提供技术支持和协助。

互联网服务提供者依照本法规定对有关涉诈信息、活动进行监测时，发现涉诈违法犯罪线索、风险信息的，根据涉诈风险类型、程度情况移送公安、金融、电信、网信等部门。

四、在综合措施方面

公安机关建立完善打击治理电信网络诈骗工作机制，加强专门队伍和专业技术建设，需各警种、各地公安机关密切配合。

金融、电信、网信部门对银行业金融机构、非银行支付机构、电信业务经营者、互联网服务提供者落实本法规定情况进行监督检查。

电信业务经营者、银行业金融机构、非银行支付机构、互联网服务提供者对从业人员和用户开展反电信网络诈骗宣传，在有关业务活动中对防范电信网络诈骗作出提示，对本领域新出现的电信网络诈骗手段及时向用户作出提醒，对非法买卖、出租、出借本人有关卡、账户、账号等被用于电信网络诈骗的法律责任作出警示。

新闻、广播、电视、文化、互联网信息服务等单位，面向社会有针对性地开展反电信网络诈骗宣传教育。

任何单位和个人有权举报电信网络诈骗活动，对提供有效信息的举报人依照规定给予奖励和保护。

任何单位和个人不得非法买卖、出租、出借电话卡、物联网卡、电信线路、短信端口、银行账户、支付账户、互联网账号等，不得提供实名核验帮助，不得假冒他人身份或者虚构代理关系开立上述卡、账户、账号等。

公安机关会同金融、电信、网信部门组织银行业金融机构、非银行支付机构、电信业务经营者、互联网服务提供者等建立预警劝阻系统，对预警发现的潜在被害人，根据情况及时采取相应劝阻措施。

对电信网络诈骗案件加强追赃挽损，完善涉案资金处置制度，及时返还被害人的合法财产。对遭受重大生活困难的被害人，符合救助条件的，有关方面依照规定给予救助。

对前往电信网络诈骗活动严重地区的人员，其出境活动存在重大涉电信网络诈骗活动嫌疑的，出入境管理机构可以决定不准其出境。

因从事电信网络诈骗活动受过刑事处罚的人员，设区的市级以上公安机关可以根据犯罪情况和预防再犯罪的需要，决定自处罚完毕之日起 6 个月至 3 年以内不准其出境，并通知出入境管理机构执行。

 个人应如何有效防范电信网络诈骗?

做到“六不”、“三问”、“五注意”、六个“一律”、八个“凡是”不要信。

六不：

在信息不确定前，不转账、不轻信、不泄露、不扫码、不打开链接、不接听转接电话。

三问：

遇到可疑情况，主动询问警察、主动询问客服、主动询问对方。

五注意：

登录网上银行时，最好自己手动输入官方网址信息，避免登录钓鱼网站。

ATM 机取款时，保护好密码、银行卡及交易流水。

不要暴露或随意丢弃个人信息。

提升家中老人及未成年人的反诈安全防范意识。

克服“贪利”心理，谨记“贪小便宜吃大亏”。

六个“一律”：

只要一谈到银行卡，一律挂掉；只要一谈到中奖了，一律挂掉；只要一谈到“电话转接公检法”的，一律挂掉；所有短信，让点击链接的，一律删掉；微信不认识的人发来的链接，一律不点；一提到“安全账户”的，一律是诈骗。

八个“凡是”不要信：

凡是自称公检法人员要求汇款的不要信；凡是叫你汇款到“安全账户”的不要信；凡是通知中奖、领奖要你先交钱的不要信；凡是通知“家属”出事要先汇款的不要信；凡是在电话中索要银行卡信息及验证码的不要信；凡是让你开通网银接受检查的不要信；凡是自称领导要求汇款的不要信；凡是陌生网站要登记银行卡信息的不要信。

4. 反诈神器“国家反诈中心”APP，您安装了吗？

国家反诈中心 APP 是公安部开发的一款帮助用户预警诈骗信息的软件，是快速举报诈骗内容，提升防骗能力的反电信诈骗“王炸”应用。可谓是一“诈”在手，防骗不愁。

国家反诈中心 APP 集多重功能于一身：诈骗预警、快速举报诈骗、防诈反骗知识学习等，具体有以下功能和作用。

1. 免费提供防骗保护，当收到涉嫌诈骗的电话、短信、网址或者安装涉嫌诈骗的 APP 时，可以智能识别骗子身份并及时预警，极大地降低受骗可能性。

2. 对非法可疑的电信网络诈骗行为进行在线举报，为公安提供更多的反诈线索。在使用手机过程中，如果发现可疑的手机号、短信，赌博、钓鱼网站，诈骗 APP 等信息，可以在“我要举报”模块进行举报，后台会及时封杀它们。

3. 定期推送防诈文章，曝光最新诈骗案例，同时会根据不同年龄、职业等人群特点，测试被骗风险指数，防患于未然。

4. 进行风险查询，在涉及陌生账号转账时，可以验证对方的账号是否涉诈，包括支付账户、IP 网址、QQ、微信等，及时避开资金被骗风险。

5. 进行真实身份验证，在社交软件上交友、转账时，验证对方身份的真实性，防止对方冒充身份进行诈骗。

法律直通车

《中华人民共和国反电信网络诈骗法》

第六条 国务院建立反电信网络诈骗工作机制，统筹协调打击治理工作。

地方各级人民政府组织领导本行政区域内反电信网络诈骗工作，确定反电信网络诈骗目标任务和工作机制，开展综合治理。

公安机关牵头负责反电信网络诈骗工作，金融、电信、网信、市场监管等有关部门依照职责履行监管主体责任，负责本行业领域反电信网络诈骗工作。

人民法院、人民检察院发挥审判、检察职能作用，依法防范、惩治电信网络诈骗活动。

电信业务经营者、银行业金融机构、非银行支付机构、互联网服务提供者承担风险防控责任，建立反电信网络诈骗内部控制机制和安全责任制度，加强新业务涉诈风险安全评估。

第二十条 国务院公安部门会同有关部门建立完善电信网络诈骗涉案资金即时查询、紧急止付、快速冻结、及时解冻和资金返还制度，明确有关条件、程序和救济措施。

公安机关依法决定采取上述措施的，银行业金融机构、非银行支付机构应当予以配合。

第三十七条　国务院公安部门等会同外交部门加强国际执法司法合作，与有关国家、地区、国际组织建立有效合作机制，通过开展国际警务合作等方式，提升在信息交流、调查取证、侦查抓捕、追赃挽损等方面的合作水平，有效打击遏制跨境电信网络诈骗活动。

附　录

中华人民共和国反电信网络诈骗法

（2022年9月2日第十三届全国人民代表大会常务委员会第三十六次会议通过　2022年9月2日中华人民共和国主席令第119号公布　自2022年12月1日起施行）

目　录

第一章　总　　则

第一条　为了预防、遏制和惩治电信网络诈骗活动，加强反电信网络诈骗工作，保护公民和组织的合法权益，维护社会稳定和国家安全，根据宪法，制定本法。

第二条　本法所称电信网络诈骗，是指以非法占有为目的，利用电信网络技术手段，通过远程、非接触等方式，诈骗公私财物的行为。

第三条　打击治理在中华人民共和国境内实施的电信网络诈骗活动

或者中华人民共和国公民在境外实施的电信网络诈骗活动，适用本法。

境外的组织、个人针对中华人民共和国境内实施电信网络诈骗活动的，或者为他人针对境内实施电信网络诈骗活动提供产品、服务等帮助的，依照本法有关规定处理和追究责任。

第四条 反电信网络诈骗工作坚持以人民为中心，统筹发展和安全；坚持系统观念、法治思维，注重源头治理、综合治理；坚持齐抓共管、群防群治，全面落实打防管控各项措施，加强社会宣传教育防范；坚持精准防治，保障正常生产经营活动和群众生活便利。

第五条 反电信网络诈骗工作应当依法进行，维护公民和组织的合法权益。

有关部门和单位、个人应当对在反电信网络诈骗工作过程中知悉的国家秘密、商业秘密和个人隐私、个人信息予以保密。

第六条 国务院建立反电信网络诈骗工作机制，统筹协调打击治理工作。

地方各级人民政府组织领导本行政区域内反电信网络诈骗工作，确定反电信网络诈骗目标任务和工作机制，开展综合治理。

公安机关牵头负责反电信网络诈骗工作，金融、电信、网信、市场监管等有关部门依照职责履行监管主体责任，负责本行业领域反电信网络诈骗工作。

人民法院、人民检察院发挥审判、检察职能作用，依法防范、惩治电信网络诈骗活动。

电信业务经营者、银行业金融机构、非银行支付机构、互联网服务提供者承担风险防控责任，建立反电信网络诈骗内部控制机制和安全责任制度，加强新业务涉诈风险安全评估。

第七条 有关部门、单位在反电信网络诈骗工作中应当密切协作，实现跨行业、跨地域协同配合、快速联动，加强专业队伍建设，有效打击治理电信网络诈骗活动。

第八条 各级人民政府和有关部门应当加强反电信网络诈骗宣传，

普及相关法律和知识，提高公众对各类电信网络诈骗方式的防骗意识和识骗能力。

教育行政、市场监管、民政等有关部门和村民委员会、居民委员会，应当结合电信网络诈骗受害群体的分布等特征，加强对老年人、青少年等群体的宣传教育，增强反电信网络诈骗宣传教育的针对性、精准性，开展反电信网络诈骗宣传教育进学校、进企业、进社区、进农村、进家庭等活动。

各单位应当加强内部防范电信网络诈骗工作，对工作人员开展防范电信网络诈骗教育；个人应当加强电信网络诈骗防范意识。单位、个人应当协助、配合有关部门依照本法规定开展反电信网络诈骗工作。

第二章　电 信 治 理

第九条　电信业务经营者应当依法全面落实电话用户真实身份信息登记制度。

基础电信企业和移动通信转售企业应当承担对代理商落实电话用户实名制管理责任，在协议中明确代理商实名制登记的责任和有关违约处置措施。

第十条　办理电话卡不得超出国家有关规定限制的数量。

对经识别存在异常办卡情形的，电信业务经营者有权加强核查或者拒绝办卡。具体识别办法由国务院电信主管部门制定。

国务院电信主管部门组织建立电话用户开卡数量核验机制和风险信息共享机制，并为用户查询名下电话卡信息提供便捷渠道。

第十一条　电信业务经营者对监测识别的涉诈异常电话卡用户应当重新进行实名核验，根据风险等级采取有区别的、相应的核验措施。对未按规定核验或者核验未通过的，电信业务经营者可以限制、暂停有关电话卡功能。

第十二条　电信业务经营者建立物联网卡用户风险评估制度，评估未通过的，不得向其销售物联网卡；严格登记物联网卡用户身份信息；采取有效技术措施限定物联网卡开通功能、使用场景和适用设备。

单位用户从电信业务经营者购买物联网卡再将载有物联网卡的设备销售给其他用户的，应当核验和登记用户身份信息，并将销量、存量及用户实名信息传送给号码归属的电信业务经营者。

电信业务经营者对物联网卡的使用建立监测预警机制。对存在异常使用情形的，应当采取暂停服务、重新核验身份和使用场景或者其他合同约定的处置措施。

第十三条　电信业务经营者应当规范真实主叫号码传送和电信线路出租，对改号电话进行封堵拦截和溯源核查。

电信业务经营者应当严格规范国际通信业务出入口局主叫号码传送，真实、准确向用户提示来电号码所属国家或者地区，对网内和网间虚假主叫、不规范主叫进行识别、拦截。

第十四条　任何单位和个人不得非法制造、买卖、提供或者使用下列设备、软件：

（一）电话卡批量插入设备；

（二）具有改变主叫号码、虚拟拨号、互联网电话违规接入公用电信网络等功能的设备、软件；

（三）批量账号、网络地址自动切换系统，批量接收提供短信验证、语音验证的平台；

（四）其他用于实施电信网络诈骗等违法犯罪的设备、软件。

电信业务经营者、互联网服务提供者应当采取技术措施，及时识别、阻断前款规定的非法设备、软件接入网络，并向公安机关和相关行业主管部门报告。

第三章　金融治理

第十五条　银行业金融机构、非银行支付机构为客户开立银行账户、支付账户及提供支付结算服务，和与客户业务关系存续期间，应当建立客户尽职调查制度，依法识别受益所有人，采取相应风险管理措施，防范银行账户、支付账户等被用于电信网络诈骗活动。

第十六条 开立银行账户、支付账户不得超出国家有关规定限制的数量。

对经识别存在异常开户情形的，银行业金融机构、非银行支付机构有权加强核查或者拒绝开户。

中国人民银行、国务院银行业监督管理机构组织有关清算机构建立跨机构开户数量核验机制和风险信息共享机制，并为客户提供查询名下银行账户、支付账户的便捷渠道。银行业金融机构、非银行支付机构应当按照国家有关规定提供开户情况和有关风险信息。相关信息不得用于反电信网络诈骗以外的其他用途。

第十七条 银行业金融机构、非银行支付机构应当建立开立企业账户异常情形的风险防控机制。金融、电信、市场监管、税务等有关部门建立开立企业账户相关信息共享查询系统，提供联网核查服务。

市场主体登记机关应当依法对企业实名登记履行身份信息核验职责；依照规定对登记事项进行监督检查，对可能存在虚假登记、涉诈异常的企业重点监督检查，依法撤销登记的，依照前款的规定及时共享信息；为银行业金融机构、非银行支付机构进行客户尽职调查和依法识别受益所有人提供便利。

第十八条 银行业金融机构、非银行支付机构应当对银行账户、支付账户及支付结算服务加强监测，建立完善符合电信网络诈骗活动特征的异常账户和可疑交易监测机制。

中国人民银行统筹建立跨银行业金融机构、非银行支付机构的反洗钱统一监测系统，会同国务院公安部门完善与电信网络诈骗犯罪资金流转特点相适应的反洗钱可疑交易报告制度。

对监测识别的异常账户和可疑交易，银行业金融机构、非银行支付机构应当根据风险情况，采取核实交易情况、重新核验身份、延迟支付结算、限制或者中止有关业务等必要的防范措施。

银行业金融机构、非银行支付机构依照第一款规定开展异常账户和可疑交易监测时，可以收集异常客户互联网协议地址、网卡地址、支付受理终端信息等必要的交易信息、设备位置信息。上述信息未经客户授权，不得用于反电信网络诈骗以外的其他用途。

第十九条　银行业金融机构、非银行支付机构应当按照国家有关规定，完整、准确传输直接提供商品或者服务的商户名称、收付款客户名称及账号等交易信息，保证交易信息的真实、完整和支付全流程中的一致性。

第二十条　国务院公安部门会同有关部门建立完善电信网络诈骗涉案资金即时查询、紧急止付、快速冻结、及时解冻和资金返还制度，明确有关条件、程序和救济措施。

公安机关依法决定采取上述措施的，银行业金融机构、非银行支付机构应当予以配合。

第四章　互联网治理

第二十一条　电信业务经营者、互联网服务提供者为用户提供下列服务，在与用户签订协议或者确认提供服务时，应当依法要求用户提供真实身份信息，用户不提供真实身份信息的，不得提供服务：

（一）提供互联网接入服务；

（二）提供网络代理等网络地址转换服务；

（三）提供互联网域名注册、服务器托管、空间租用、云服务、内容分发服务；

（四）提供信息、软件发布服务，或者提供即时通讯、网络交易、网络游戏、网络直播发布、广告推广服务。

第二十二条　互联网服务提供者对监测识别的涉诈异常账号应当重新核验，根据国家有关规定采取限制功能、暂停服务等处置措施。

互联网服务提供者应当根据公安机关、电信主管部门要求，对涉案电话卡、涉诈异常电话卡所关联注册的有关互联网账号进行核验，根据风险情况，采取限期改正、限制功能、暂停使用、关闭账号、禁止重新注册等处置措施。

第二十三条 设立移动互联网应用程序应当按照国家有关规定向电信主管部门办理许可或者备案手续。

为应用程序提供封装、分发服务的，应当登记并核验应用程序开发运营者的真实身份信息，核验应用程序的功能、用途。

公安、电信、网信等部门和电信业务经营者、互联网服务提供者应当加强对分发平台以外途径下载传播的涉诈应用程序重点监测、及时处置。

第二十四条 提供域名解析、域名跳转、网址链接转换服务的，应当按照国家有关规定，核验域名注册、解析信息和互联网协议地址的真实性、准确性，规范域名跳转，记录并留存所提供相应服务的日志信息，支持实现对解析、跳转、转换记录的溯源。

第二十五条 任何单位和个人不得为他人实施电信网络诈骗活动提供下列支持或者帮助：

（一）出售、提供个人信息；

（二）帮助他人通过虚拟货币交易等方式洗钱；

（三）其他为电信网络诈骗活动提供支持或者帮助的行为。

电信业务经营者、互联网服务提供者应当依照国家有关规定，履行合理注意义务，对利用下列业务从事涉诈支持、帮助活动进行监测识别和处置：

（一）提供互联网接入、服务器托管、网络存储、通讯传输、线路出租、域名解析等网络资源服务；

（二）提供信息发布或者搜索、广告推广、引流推广等网络推广服务；

（三）提供应用程序、网站等网络技术、产品的制作、维护服务；

（四）提供支付结算服务。

第二十六条 公安机关办理电信网络诈骗案件依法调取证据的，互联网服务提供者应当及时提供技术支持和协助。

互联网服务提供者依照本法规定对有关涉诈信息、活动进行监测时，发现涉诈违法犯罪线索、风险信息的，应当依照国家有关规定，根据涉诈风险类型、程度情况移送公安、金融、电信、网信等部门。有关部门应当建立完善反馈机制，将相关情况及时告知移送单位。

第五章 综合措施

第二十七条 公安机关应当建立完善打击治理电信网络诈骗工作机制，加强专门队伍和专业技术建设，各警种、各地公安机关应当密切配合，依法有效惩处电信网络诈骗活动。

公安机关接到电信网络诈骗活动的报案或者发现电信网络诈骗活动，应当依照《中华人民共和国刑事诉讼法》的规定立案侦查。

第二十八条 金融、电信、网信部门依照职责对银行业金融机构、非银行支付机构、电信业务经营者、互联网服务提供者落实本法规定情况进行监督检查。有关监督检查活动应当依法规范开展。

第二十九条 个人信息处理者应当依照《中华人民共和国个人信息保护法》等法律规定，规范个人信息处理，加强个人信息保护，建立个人信息被用于电信网络诈骗的防范机制。

履行个人信息保护职责的部门、单位对可能被电信网络诈骗利用的物流信息、交易信息、贷款信息、医疗信息、婚介信息等实施重点保护。公安机关办理电信网络诈骗案件，应当同时查证犯罪所利用的个人信息来源，依法追究相关人员和单位责任。

第三十条 电信业务经营者、银行业金融机构、非银行支付机构、互联网服务提供者应当对从业人员和用户开展反电信网络诈骗宣传，在有关业务活动中对防范电信网络诈骗作出提示，对本领域新出现的电信网络诈骗手段及时向用户作出提醒，对非法买卖、出租、出借本人有关卡、账户、账号等被用于电信网络诈骗的法律责任作出警示。

新闻、广播、电视、文化、互联网信息服务等单位，应当面向社会有针对性地开展反电信网络诈骗宣传教育。

任何单位和个人有权举报电信网络诈骗活动，有关部门应当依法及时处理，对提供有效信息的举报人依照规定给予奖励和保护。

第三十一条 任何单位和个人不得非法买卖、出租、出借电话卡、物联网卡、电信线路、短信端口、银行账户、支付账户、互联网账号等，不得提供实名核验帮助；不得假冒他人身份或者虚构代理关系开立上述卡、账户、账号等。

对经设区的市级以上公安机关认定的实施前款行为的单位、个人和相关组织者，以及因从事电信网络诈骗活动或者关联犯罪受过刑事处罚的人员，可以按照国家有关规定记入信用记录，采取限制其有关卡、账户、账号等功能和停止非柜面业务、暂停新业务、限制入网等措施。对上述认定和措施有异议的，可以提出申诉，有关部门应当建立健全申诉渠道、信用修复和救济制度。具体办法由国务院公安部门会同有关主管部门规定。

第三十二条 国家支持电信业务经营者、银行业金融机构、非银行支付机构、互联网服务提供者研究开发有关电信网络诈骗反制技术，用于监测识别、动态封堵和处置涉诈异常信息、活动。

国务院公安部门、金融管理部门、电信主管部门和国家网信部门等应当统筹负责本行业领域反制技术措施建设，推进涉电信网络诈骗样本信息数据共享，加强涉诈用户信息交叉核验，建立有关涉诈异常信息、活动的监测识别、动态封堵和处置机制。

依据本法第十一条、第十二条、第十八条、第二十二条和前款规定，对涉诈异常情形采取限制、暂停服务等处置措施的，应当告知处置原因、救济渠道及需要提交的资料等事项，被处置对象可以向作出决定或者采取措施的部门、单位提出申诉。作出决定的部门、单位应当建立完善申诉渠道，及时受理申诉并核查，核查通过的，应当即时解除有关措施。

第三十三条　国家推进网络身份认证公共服务建设，支持个人、企业自愿使用，电信业务经营者、银行业金融机构、非银行支付机构、互联网服务提供者对存在涉诈异常的电话卡、银行账户、支付账户、互联网账号，可以通过国家网络身份认证公共服务对用户身份重新进行核验。

第三十四条　公安机关应当会同金融、电信、网信部门组织银行业金融机构、非银行支付机构、电信业务经营者、互联网服务提供者等建立预警劝阻系统，对预警发现的潜在被害人，根据情况及时采取相应劝阻措施。对电信网络诈骗案件应当加强追赃挽损，完善涉案资金处置制度，及时返还被害人的合法财产。对遭受重大生活困难的被害人，符合国家有关救助条件的，有关方面依照规定给予救助。

第三十五条　经国务院反电信网络诈骗工作机制决定或者批准，公安、金融、电信等部门对电信网络诈骗活动严重的特定地区，可以依照国家有关规定采取必要的临时风险防范措施。

第三十六条　对前往电信网络诈骗活动严重地区的人员，出境活动存在重大涉电信网络诈骗活动嫌疑的，移民管理机构可以决定不准其出境。

因从事电信网络诈骗活动受过刑事处罚的人员，设区的市级以上公安机关可以根据犯罪情况和预防再犯罪的需要，决定自处罚完毕之日起六个月至三年以内不准其出境，并通知移民管理机构执行。

第三十七条　国务院公安部门等会同外交部门加强国际执法司法合作，与有关国家、地区、国际组织建立有效合作机制，通过开展国际警务合作等方式，提升在信息交流、调查取证、侦查抓捕、追赃挽损等方面的合作水平，有效打击遏制跨境电信网络诈骗活动。

第六章　法律责任

第三十八条　组织、策划、实施、参与电信网络诈骗活动或者为电信网络诈骗活动提供帮助，构成犯罪的，依法追究刑事责任。

前款行为尚不构成犯罪的，由公安机关处十日以上十五日以下拘留；没收违法所得，处违法所得一倍以上十倍以下罚款，没有违法所得或者违法所得不足一万元的，处十万元以下罚款。

第三十九条 电信业务经营者违反本法规定，有下列情形之一的，由有关主管部门责令改正，情节较轻的，给予警告、通报批评，或者处五万元以上五十万元以下罚款；情节严重的，处五十万元以上五百万元以下罚款，并可以由有关主管部门责令暂停相关业务、停业整顿、吊销相关业务许可证或者吊销营业执照，对其直接负责的主管人员和其他直接责任人员，处一万元以上二十万元以下罚款：

（一）未落实国家有关规定确定的反电信网络诈骗内部控制机制的；

（二）未履行电话卡、物联网卡实名制登记职责的；

（三）未履行对电话卡、物联网卡的监测识别、监测预警和相关处置职责的；

（四）未对物联网卡用户进行风险评估，或者未限定物联网卡的开通功能、使用场景和适用设备的；

（五）未采取措施对改号电话、虚假主叫或者具有相应功能的非法设备进行监测处置的。

第四十条 银行业金融机构、非银行支付机构违反本法规定，有下列情形之一的，由有关主管部门责令改正，情节较轻的，给予警告、通报批评，或者处五万元以上五十万元以下罚款；情节严重的，处五十万元以上五百万元以下罚款，并可以由有关主管部门责令停止新增业务、缩减业务类型或者业务范围、暂停相关业务、停业整顿、吊销相关业务许可证或者吊销营业执照，对其直接负责的主管人员和其他直接责任人员，处一万元以上二十万元以下罚款：

（一）未落实国家有关规定确定的反电信网络诈骗内部控制机制的；

（二）未履行尽职调查义务和有关风险管理措施的；

（三）未履行对异常账户、可疑交易的风险监测和相关处置义务的；

（四）未按照规定完整、准确传输有关交易信息的。

第四十一条 电信业务经营者、互联网服务提供者违反本法规定，有下列情形之一的，由有关主管部门责令改正，情节较轻的，给予警告、通报批评，或者处五万元以上五十万元以下罚款；情节严重的，处五十万元以上五百万元以下罚款，并可以由有关主管部门责令暂停相关业务、停业整顿、关闭网站或者应用程序、吊销相关业务许可证或者吊销营业执照，对其直接负责的主管人员和其他直接责任人员，处一万元以上二十万元以下罚款：

（一）未落实国家有关规定确定的反电信网络诈骗内部控制机制的；

（二）未履行网络服务实名制职责，或者未对涉案、涉诈电话卡关联注册互联网账号进行核验的；

（三）未按照国家有关规定，核验域名注册、解析信息和互联网协议地址的真实性、准确性，规范域名跳转，或者记录并留存所提供相应服务的日志信息的；

（四）未登记核验移动互联网应用程序开发运营者的真实身份信息或者未核验应用程序的功能、用途，为其提供应用程序封装、分发服务的；

（五）未履行对涉诈互联网账号和应用程序，以及其他电信网络诈骗信息、活动的监测识别和处置义务的；

（六）拒不依法为查处电信网络诈骗犯罪提供技术支持和协助，或者未按规定移送有关违法犯罪线索、风险信息的。

第四十二条 违反本法第十四条、第二十五条第一款规定的，没收违法所得，由公安机关或者有关主管部门处违法所得一倍以上十倍以下罚款，没有违法所得或者违法所得不足五万元的，处五十万元以下罚款；情节严重的，由公安机关并处十五日以下拘留。

第四十三条 违反本法第二十五条第二款规定，由有关主管部门责令改正，情节较轻的，给予警告、通报批评，或者处五万元以上五十万元以下罚款；情节严重的，处五十万元以上五百万元以下罚款，并可以由有关主管部门责令暂停相关业务、停业整顿、关闭网站或者应用程序，对其直接负责的主管人员和其他直接责任人员，处一万元以上二十万元以下罚款。

第四十四条 违反本法第三十一条第一款规定的，没收违法所得，由公安机关处违法所得一倍以上十倍以下罚款，没有违法所得或者违法所得不足二万元的，处二十万元以下罚款；情节严重的，并处十五日以下拘留。

第四十五条 反电信网络诈骗工作有关部门、单位的工作人员滥用职权、玩忽职守、徇私舞弊，或者有其他违反本法规定行为，构成犯罪的，依法追究刑事责任。

第四十六条 组织、策划、实施、参与电信网络诈骗活动或者为电信网络诈骗活动提供相关帮助的违法犯罪人员，除依法承担刑事责任、行政责任以外，造成他人损害的，依照《中华人民共和国民法典》等法律的规定承担民事责任。

电信业务经营者、银行业金融机构、非银行支付机构、互联网服务提供者等违反本法规定，造成他人损害的，依照《中华人民共和国民法典》等法律的规定承担民事责任。

第四十七条 人民检察院在履行反电信网络诈骗职责中，对于侵害国家利益和社会公共利益的行为，可以依法向人民法院提起公益诉讼。

第四十八条 有关单位和个人对依照本法作出的行政处罚和行政强制措施决定不服的，可以依法申请行政复议或者提起行政诉讼。

第七章　附　　则

第四十九条 反电信网络诈骗工作涉及的有关管理和责任制度，本法没有规定的，适用《中华人民共和国网络安全法》、《中华人民共和国个人信息保护法》、《中华人民共和国反洗钱法》等相关法律规定。

第五十条 本法自 2022 年 12 月 1 日起施行。

后 记

《反电信网络诈骗法》颁布施行前，中国法制出版社编辑邀请我们，基于新法出台为大众读者编写相关主题的普法读物。编辑的策划思路和我们的专业方向、实务经验及内心期许不谋而合，遂欣然接受书约。一方面，教学相长，我们可以在写作过程中学习提高；另一方面，我们也希望能将自己在实务办案过程中的总结、感悟与大家分享。

虽同属法律职业群体，但我们两位作者所在单位和岗位不同。而这恰能使两位作者从各自角度对不同的实务内容进行分析阐述，以使本书更全面、更真实、更生动、更易懂。为此，两位作者分工协作、头脑风暴，发挥各自优势，汲取百家之长，终得成行。

自素材准备以来，我们全面查询相关法律法规，系统检索典型实务案例。其间反复推敲，万锤千凿，数易其稿，本书终得以面世。

本书所涉案例主要来自中国裁判文书网、威科先行等法律检索工具，少部分内容及思路参考、引用相关实务文章，对此表示由衷感谢。感谢在本书写作过程中给与技术指导和思路帮助的李奋飞教授、丁相顺教授、高警兵主任律师、金洪涛高级合伙人律师。同时也要感谢工人日报社卢越女士对本书写作的大力支持和帮助。尤其要感谢本书编辑王佩琳女士，其工作精神和专业能力对本书的出版亦有重要贡献。

诚然，书稿的顺利完成离不开家人在生活中无微不至的关怀和精神上一如既往的鼓励。在此，特别感谢我们两位作者的家人，并将此书献给他们。

图书在版编目（CIP）数据

反电信网络诈骗实用问答：以案普法版／王永阳，孙丽娜著．—北京：中国法制出版社，2023.9

ISBN 978-7-5216-2838-8

Ⅰ.①反… Ⅱ.①王… ②孙… Ⅲ.①电信-诈骗-预防-中国-问题解答②互联网络-诈骗-预防-中国-问题解答 Ⅳ.①D924.335

中国版本图书馆 CIP 数据核字（2022）第 160440 号

责任编辑：王佩琳（wangpeilin@zgfzs.com）　　封面设计：李　宁

反电信网络诈骗实用问答（以案普法版）

FANDIANXIN WANGLUO ZHAPIAN SHIYONG WENDA（YI'AN PUFABAN）

著者/王永阳，孙丽娜

经销/新华书店

印刷/三河市紫恒印装有限公司

开本/880 毫米×1230 毫米　32 开　　印张/9.75　字数/175 千

版次/2023 年 9 月第 1 版　　2023 年 9 月第 1 次印刷

中国法制出版社出版

书号 ISBN 978-7-5216-2838-8　　定价：39.80 元

北京市西城区西便门西里甲 16 号西便门办公区

邮政编码：100053　　传真：010-63141600

网址：http：//www.zgfzs.com　　**编辑部电话：010-63141801**

市场营销部电话：010-63141612　　**印务部电话：010-63141606**

（如有印装质量问题，请与本社印务部联系。）